RENZO BALDINI

Der Aszendent der Seele

Standardwerke der Astrologie

RENZO BALDINI

Der Aszendent der Seele

Der Vertex in der Astrologie

Aus dem Italienischen übersetzt von Christine Ableidiger-Günther

Für meinen Vater

2. Auflage 2025

Die italienische Originalausgabe erschien 1998 unter dem Titel
L'Ascendente dell'Anima bei Giampiero Pagnini Editore

Willkommen Jolanda

Umschlag: Walter Schneider unter Verwendung des Bildes
»Spiral Symphony« von Horace Towner Pierce

Druck: 1a Media

Zu beziehen über den Buchhandel oder direkt über:
Chiron Verlag, Postfach 1250, D-72002 Tübingen
www.chiron-verlag.de

ISBN 978-3-925100-62-8

Inhalt

Vorwort

Von der Existenz des Vertex erfuhr ich erstmalig im Jahre 1980 durch das Buch »Astronomia Oroscopica« von Federico Capone (Torino 1977), in dem neben anderen Horoskoptechniken auch dieser Faktor beschrieben wurde, wenn auch nur sehr knapp.

Ich stieß also zum ersten Mal auf diesen sensitiven Punkt im Horoskop und zwei Dinge erregten dabei meine Aufmerksamkeit: dass man erstens zu seiner Berechnung mit der Häusertabelle den Grad des IC praktisch zum MC machen muss, so dass der dafür errechnete Aszendent zum Vertex wird, und er sich zweitens im Horoskop immer im westlichen Bereich befindet. Ein »Aszendent« im Okzident!

Es ging mir sogleich durch den Kopf, dass dieser »Punkt« möglicherweise Informationen beinhaltet, die sicherlich für psychologische Deutungen bedeutsam wären, um bestimmte Vorgänge in der Familie oder in den Beziehungen besser zu verstehen, die für Verhaltensstörungen verantwortlich sein könnten: anderseits, wenn man dem IC (Familie, Kindheit, Unbewusstes) die Bedeutungen des MC zuordnet, so ist es, als ob man die innersten und unbewussten Beweggründe unseres Handelns berührt, sie ans Licht bringt, sie den Blicken, der Beobachtung und Analyse aussetzt; die Stellung eines solchen Aszendent-Vertex im westlichen Bereich setzt dies alles in Verbindung mit den zwischenmenschlichen Beziehungen, dem Kontakt zur äußeren Welt, sodass dieser »Punkt« unschwer auch als Element betrachtet werden kann, welches unsere unbewussten Reaktionen auf Ereignisse von außen besser verstehen lässt – im familiären (IC) wie im gesellschaftlichen (MC) Bereich.

So sah ich damals die Bedeutung des Vertex.

Ich beschäftigte mich dann mit anderen Forschungsgebieten (insbesondere mit der Astromedizin und den arabischen Punkten) und schließlich wurde durch die Zusammenarbeit mit verschiedenen Ärzten und Psychotherapeuten der Bereich dieser Untersuchung immer mehr erweitert, bis ich auf Zusammenhänge zwischen bestimmten Verhaltensstörungen und der Stellung des Vertex im Horoskop stieß. Dies habe ich am 6. Juni 1993 in Florenz in einem Vortrag zum Thema der »Sensitiven Punkte im Horoskop« erläutert, der zwar vor allem auf die arabischen Punkte konzentriert war, aber bereits auch einige -schüchterne- Versuche enthielt, sich des Vertex im Bereich der Psychopathologie zu bedienen. Durch weitere Fortschritte auf diesem Forschungsgebiet trat dieser »Punkt« schließlich immer mehr hervor, und ich konnte in einer Versuchsphase die wichtigsten Elemente für die Verwendung des Vertex als Diagnoseinstrument von Persönlichkeitsstörungen beschreiben und in Vorträgen der Öffentlichkeit präsentieren: Forlimpopoli (19.03.94); Mestre (11.10.96), Florenz (18.05.97) und schließlich beim 2. Internationalen Astrologiekongress des C.I.D.A. (Centro Italiano di Astrologia) am 7.11.97 unter dem Titel »Der Vertex als Schlüssel zur psychologischen Deutung«. Darin zeichnete sich bereits ab, was hier nun Gegenstand der Betrachtung ist. Ich halte den Vertex für ein wichtiges Instrument zum Verständnis einiger Aspekte unseres Wesens, die über unsere bewussten Absichten hinausgehen und ihre Wurzeln im familiären Beziehungsgeflecht und dem Erbgut haben. Der Vertex stellt unsere »andere« Seite dar, unsere unbewusste Persönlichkeit – da er sich aber im Okzident befindet, sagt er auch etwas aus über unsere unbewusst gesteuerten Reaktionen auf äußere Reize oder »Angriffe«.

Das vorliegende Buch enthält in keiner Weise endgültige Wahrheiten, im Gegenteil: Ich habe eine Spur gelegt für alle, die in dieser Richtung weiter forschen möchten. Ich würde es als große persönliche Genugtuung betrachten, wenn sich auch nur einer meiner Leser dazu angeregt fühlte.

Renzo Baldini *Florenz, Sommer 1998*

Was ist der Vertex?

Aus astronomischer Sicht

Von jeher waren die Menschen vom Schauspiel des sternbesäten Nachthimmels fasziniert, von den Mondphasen und dem Weg der Planeten zwischen den Sternen, dem täglichen Auf- und Untergang der Sonne. All dies konnte und sollte verstanden und entziffert werden, doch waren zur visuellen Erfassung Fixpunkte erforderlich – um die Stellung der Himmelskörper auf dem Firmament bestimmen zu können, benötigte der Mensch Bezugskoordinaten. Wenn wir einfach nur die Augen zum Himmel erheben, so erscheinen Sterne und Planeten wie auf der Himmelskuppel festgemacht, ganz unabhängig von der großen Entfernung, in der sie sich befinden – von unserem Beobachtungspunkt können wir diese nicht ermessen. Von welchem Punkt der Erde wir auch den Himmel betrachten, durch die Kleinheit unseres Planeten im Vergleich zur Größe der Himmelssphäre meinen wir immer, wir befänden uns im Zentrum dieser Halbkugel, deren Basis dem Horizont des Betrachtungsortes entspricht. Vielleicht hilft es uns, wenn wir uns vorstellen, wir befänden uns in einem Boot mitten auf dem Meer: wohin wir uns auch wenden, um uns herum ist immer Ozean, wenn wir in die Weite schauen, so scheint die konkave Himmelshalbkugel auf die Meeresoberfläche zu treffen und eine gekrümmte Linie zu bilden. Egal wo wir uns befinden, unser Blickfeld erscheint uns von einem Kreis begrenzt: dem Horizont (Abb. 1).

Wenn wir nach oben schauen, genau über unseren Kopf, richten wir den Blick auf den höchsten Punkt des von uns betrachteten Himmels – den Zenit; um ihn zu veranschaulichen, stellen

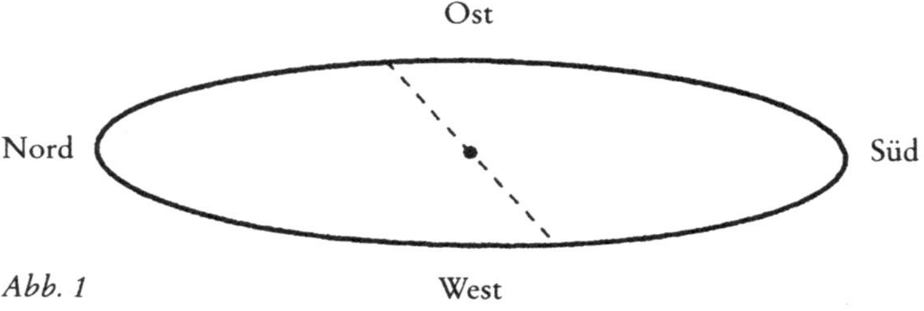

Abb. 1

wir uns eine Kurve vor, die vom Nordpunkt ausgehend am Südpunkt des Horizonts ankommt; deren höchster Punkt ist der Zenit – er steht in einem Winkel von 90° zur Ebene des Horizonts. Diese gekrümmte Linie (oder vertikaler Kreis) wird als der Meridian des Betrachters bezeichnet: Dem Zenit gegenüberliegend, also unter unseren Füßen, liegt dann der Nadir (Abb. 2).

Dabei ist zu berücksichtigen, dass wir üblicherweise unter Horizont den sichtbaren oder scheinbaren Horizont verstehen, den man nicht mit dem rationalen oder Himmelshorizont verwechseln darf. Der erste ist eine gedachte Ebene, rund um einen Betrachter, egal an welchem Punkt der Erdoberfläche dieser sich befindet. Der zweite aber ist eine Ebene parallel zum sichtbaren Horizont, die durch die Erdmitte verläuft und sich über deren Grenzen hinaus in den Himmel fortsetzt und diesen in zwei Hemisphären teilt.

Von diesem ist hier die Rede – jeder seiner Punkte befindet sich im rechten Winkel zum Zenit des Betrachters. Der Unterschied zwischen sichtbarem und Himmelshorizont ist gleich dem halben Durchmesser der Erde. Da die Erdkugel unendlich viel kleiner ist als die »Himmelskugel«, ist diese Differenz im Vergleich zu den Planeten und erst recht den Sternen praktisch nicht wahrnehmbar, sodass wir weiterhin davon ausgehen können, uns im Mittelpunkt der Kugel zu befinden. Um die Stellung eines Planeten zu bestimmen, benötigen wir zwei Koordinaten: die Höhe und den Azimut.

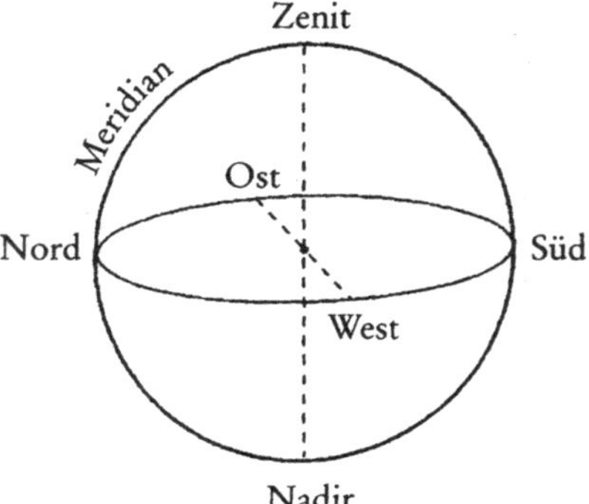

Abb. 2

Die Höhe entspricht dem Kreisbogen zwischen dem Himmelskörper (A) und dem Punkt, an dem der Bogen den Horizont schneidet (A'), während das Azimut die Entfernung auf dem Horizont zwischen A' und dem kardinalen Südpunkt bezeichnet. Die Höhe wird gezählt von 0° (am Himmelshorizont) bis 90° (am Zenit) oder -90° (am Nadir).

Der Azimut reicht von 0° (südlicher Kardinalspunkt) bis 360°, also wieder bis zum Südpunkt, im Uhrzeigersinn gemessen über West, Nord, Ost.

Diese beiden Koordinaten werden als Horizontkoordinaten bezeichnet (Abb. 3).

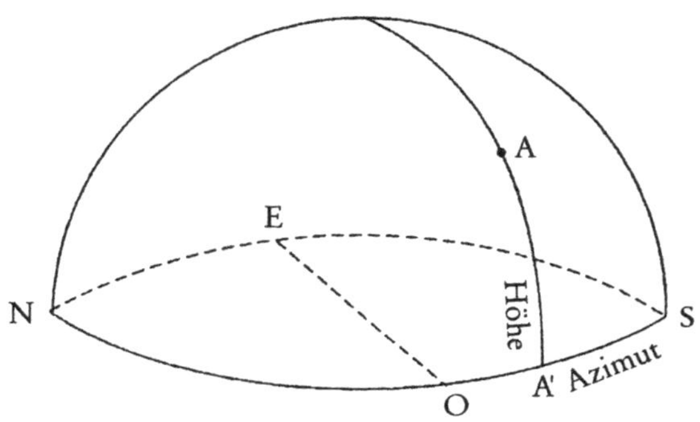

Abb. 3

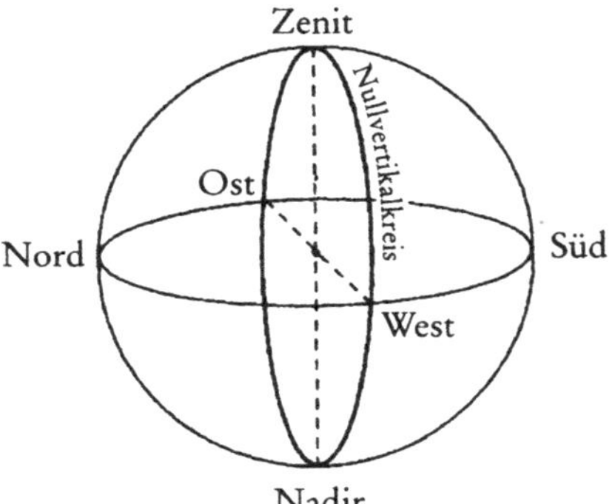

Abb. 4

Es handelt sich hier also um die Bezugspunkte, die wir eingangs erwähnt haben und die es den Astronomen ermöglichen mit Hilfe des Horizonts die Stellung eines Gestirns am Himmel zu bestimmen.

Dieses Koordinatensystem ist jedoch nicht vollständig; wir verfügen neben dem vertikalen Kreis des Meridians noch über einen weiteren: die kardinalen Punkte sind nämlich vier – so wie wir einen vertikalen Kreis von Nord nach Süd gezogen haben, können wir auch durch Zenit und Nadir einen vom östlichen Punkt O zum westlichen Punkt W ziehen. Dieser vertikale Kreis wird »Nullvertikalkreis« oder »Erste Vertikale« genannt. (Abb. 4)

Somit haben wir das System der Horizontkoordinaten vervollständigt – es besteht aus dem Horizont selbst, dem Meridian und dem Nullvertikalkreis.

Gehen wir doch mit diesen Koordinaten noch einmal zurück auf unser Boot mitten im Meer. Wir alle haben schon dem faszinierenden Schauspiel eines Sonnenaufgangs oder Untergangs zugesehen. Wir sehen, wie die Sonne am östlichen Horizont aufgeht, am Himmel in die Höhe steigt, bis sie ihren höchsten Punkt erreicht hat, um schließlich wieder herabzusinken und dabei den westlichen Punkt des Horizonts zu berühren. Sie beschreibt einen Bogen, den wir Tagbogen nennen. In Abb. 5 ist dies dargestellt.

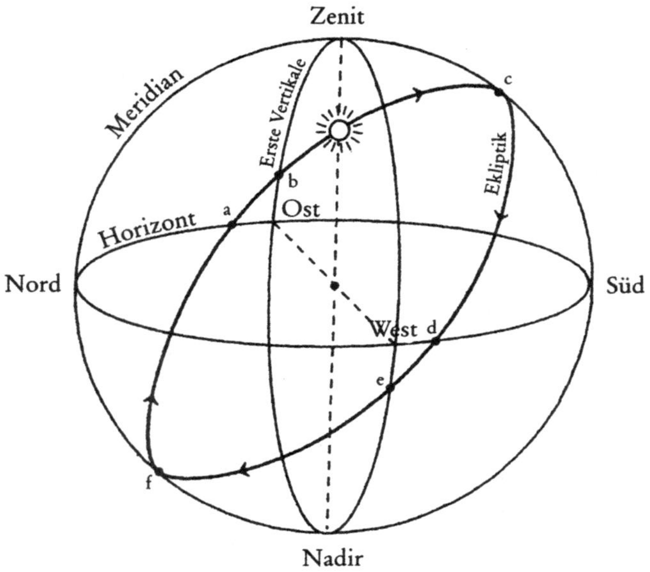

Abb. 5
a = AC   d = DC   b = AVX   e = VX   c= MC   f = IC

Mit diesem Koordinatensystem und der Ekliptik kann der Astrologe den Aszendenten (AC) und den Deszendenten (DC), das Medium Coeli (MC) und den Imum Coeli (IC) abbilden.

AC/DC = Schnittpunkt von Ekliptik und Horizont
MC/IC = Schnittpunkt von Ekliptik und Meridian

Bisher haben alle Astrologen nur mit diesen beiden Koordinaten gearbeitet, einer horizontalen (AC/DC) und einer vertikalen (MC/IC) und sind dadurch zu einer zweidimensionalen Sicht gelangt. Es existieren aber zwei vertikale Koordinaten. In Abb. 5 sehen wir, dass die Ekliptik nicht nur den Meridian, sondern auch den Nullvertikalkreis in zwei Punkten schneidet: am Punkt e im westlichen Bereich, also dem Vertex (VX) und am Punkt b im östlichen Bereich, dem Antivertex (AVX). So könne wir nun das Bild vervollständigen:

AC/DC = Schnittpunkte der Ekliptik mit dem Horizont (Punkt a und d)

MC/IC = Schnittpunkte der Ekliptik mit dem Meridian (Punkt c und f)

VX/AVX= Schnittpunkte der Ekliptik mit dem Nullvertikalkreis (Punkt e und b)

Dies zeigt, dass Vertex und Antivertex gleichberechtigt neben Aszendent, Deszendent, Medium Coeli und Imum Coeli existieren können, und dass sie eigentlich im Horoskop eingetragen und interpretiert werden müssten wie die anderen Werte auch. Die Bedeutung des Vertex in der Astrologie könnte man vergleichen mit der Einführung der Perspektive in der Malerei: der Schritt von der zweidimensionalen Sicht zur dreidimensionalen. Nicht nur Breite (in unserem Fall die Achse AC/DC) und Höhe (die Achse MC/IC) zählen, sondern auch die Tiefe (Achse VX/AVX) – so als ob man plötzlich einen Sprung von der Flachheit und den Profilen der ägyptischen Wandgemälde zu den Rundungen und Rauminhalten von Filippo Brunelleschi, Leon Battista Alberti, Piero della Francesca oder Leonardo da Vinci getan hätte!

Der Vertex wird also (wie im Buchtitel von Ann E. Parker) zur dritten Dimension des Horoskops. Durch die Einführung der *Tiefe* gelangen wir zu *Rauminhalten* und somit zu *Räumen*. Behalten Sie dies im Hinterkopf, denn es ist nötig, um die Bedeutung des Vertex für die zwischenmenschliche Dynamik und die Verteidigung unseres persönlichen Raums zu verstehen.

Wir können dies (und auf jeden Fall die Schnittpunkte der Ekliptik mit dem Horizont und dem Nullvertikalkreis) auch auf andere Art darstellen (Abb. 6)

Der Vertex wird also als westlicher Schnittpunkt der Ersten Vertikalen mit der Ekliptik bezeichnet, während wir den östlichen Schnittpunkt der Ersten Vertikalen mit der Ekliptik Antivertex nennen. Vertex und Antivertex bilden eine Achse so wie Aszendent und Deszendent oder MC und IC.

Hier stellt sich natürlich die Frage, wer oder was dazu beige-

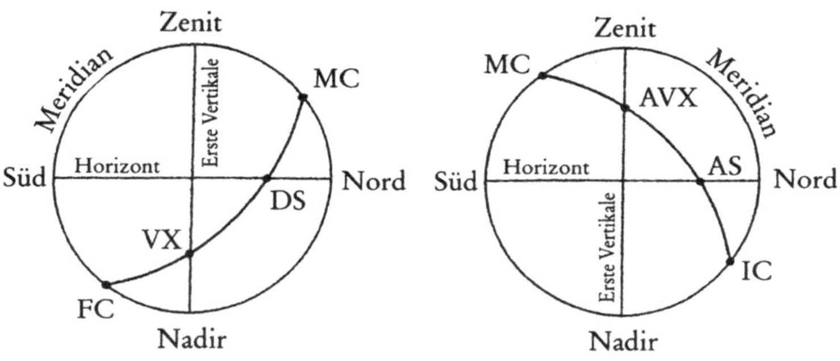

Abb. 6

tragen hat, dieses Element in die astrologische Praxis einfließen zu lassen und dadurch die bisherige Sichtweise zu revolutionieren. Wir verdanken dies dem Astrologen Edward L. Johndro[1], einem der bedeutendsten Forscher auf dem Gebiet der astrologischen Techniken und Pionier der Standortastrologie.[2] Zu seinen interessantesten Untersuchungen gehören jene zum Elektromagnetismus und zu den Winkeln des Horoskops. Johndro spricht von zwei »Aszendenten« – einem »magnetischen«, dem normalen AC/DC, und einem »elektrischen«[3], also dem VX/AVX, wobei er den ersten in Beziehung zur freien Willensentscheidung und den zweiten zum Schicksal setzt. Andere Forscher und Schüler Johndros wie z.B. Charles A. Jayne[4] oder John Towley[5] sehen im Vertex ein wichtiges Indiz für das Karma und vor allem für karmische Begegnungen. Der Vertex wird heute oft als Katalysator von schicksalhaften oder wichtigen Begegnungen gedeutet und auch in der Synastrie verwendet. Manche sehen darin auch ein Element, das mit Katastrophen und Unglücksfällen in Verbindung steht – z.B. das Erdbeben in San Francisco im Jahre 1906[6], bei dem der Vertex in einem exaktem Quadrat zu Uranus (08°29' Steinbock) und dieser in Konjunktion mit dem MC stand. Der Vertex scheint also nicht ohne Wirkung bei solchen Ereignissen zu sein.

Hier möchte ich mich jedoch in eine andere Richtung bewegen. Ich werde versuchen zu beweisen, dass dieser »Punkt« nützlich sein kann für die psychologische Horoskopdeutung, weil er auf besondere Weise mit dem Verhalten und mit Persönlichkeitsstörungen in Verbindung steht.

Die manuelle Berechnung des Vertex

Für die Berechnung des Vertex gibt es verschiedene Methoden, z.B. mit der Häusertabelle, wie auch für AC und MC (dieses System wird später erläutert); rechnerisch wird er über folgende Formel ermittelt:

$$\text{Cot Vx} = - \left[\frac{(\text{sinRAMC x cos e}) - (\text{sine x cotL})}{\text{cosRAMC}} \right]$$

Dabei ist

RAMC	=	Rektaszension des MC (LSZ x 15)
e	=	schiefe der Ekliptik, = 23°27'
L	=	Breitengrad des Geburtsortes

Berechnen wir also den Vertex von E.Johndro, von dem wir wissen, dass er 8°36' i.d.Zwillingen beträgt (vgl. Anm.1).
Die RAMC beträgt 136°49', die Breite des Geburtsortes = 49°N19'.

1. $\cot - \left[\frac{(\sin 136°49' \text{ x } \cos 23°27') - (\sin 23°27' \text{ x } \cot 49°19')}{\cos 136°49'} \right]$

2. $\cot - \left[\frac{(0{,}68433 \text{ x } 0{,}91740) - (0{,}39794 \text{ x } 0{,}85962)}{-0{,}72916} \right]$

3. $\cot - \left[\frac{0{,}62780 - 0{,}34207}{-0{,}72916} \right]$

4. $\cot - \left[\dfrac{0{,}28573}{-0{,}72916}\right]$

5. cot – [– 0,39186]

6. cot 0,39186

7. d.h. 68,60168 = 68°36', also 8°36' Zwillinge

Dabei gibt es natürlich noch einige Regeln zu beachten:

- *Bei einer RAMC zwischen 0° und 90°:* Ist das Endergebnis (also Schritt 6 der angegebenen Formel) positiv, fügen wir 180° hinzu, ist es eine negative Zahl, so zählen wir 360° hinzu.
- *Bei einer RAMC zwischen 90° und 180°:* Ist das Endergebnis positiv, wird nichts hinzugefügt, (wie im Falle von Johndro), ist es negativ, zählen wir 180° hinzu.
- *Bei einer RAMC zwischen 180° und 270°:* Das Endergebnis ist hier immer negativ und wir zählen 180° hinzu;
- *Bei einer RARMC zwischen 270° und 360°:* Das Endergebnis ist immer positiv und wir fügen 180° hinzu.

Wir rechnen ein weiteres Beispiel für den Vertex von Charles Jayne (vgl. Anmerkung 3). Die Vorgaben sind: RAMC 357°16', Breitengrad des Geburtsortes 39°N57'.

1. $\cot - \left[\dfrac{(\sin 357°16' \times \cos 23°27') - (\sin 23°27' \times \cot 39°57')}{\cos 357°16'}\right]$

2. $\cot - \left[\dfrac{(-0{,}04768 \times 0{,}91740)\ \_\ (0{,}39794 \times 1{,}19386)}{0.99886}\right]$

3. $\cot - \left[\dfrac{(-0{,}04374) - (0{,}47508)}{0{,}99886}\right]$

4. $\cot - \left[\dfrac{-0{,}51882}{0{,}99886}\right]$

5. cot – [– 0,51941]

6. cot 0,51941

7. d.h. 62,55208 + 180° = 242,55208 = 242°33' also 2°33' Schütze

Wie wir sehen, liegt hier die RAMC zwischen 270° und 360° mit einem positiven Endergebnis in Schritt 6. Wir haben also 180° hinzugefügt.

Die Vertexberechnung mit Hilfe der Häusertabelle

Wie bereits angedeutet gibt es auch ein anderes – und viel einfacheres – System, nämlich das Berechnen mit Hilfe der Häusertabelle. Vor dessen Erklärung muss ich aber noch etwas einfügen: Bekanntlich stammt die gängigste und am weitesten verbreitete Häusereinteilung von Placidus.[7] Sie ist aber nicht die einzige, es gab und gibt immer noch andere, doch hatte das System von Placidus mehr Erfolg und bot sich durch die Veröffentlichung in den Almanachen auch den modernen Astrologen an – das englische Verlagshaus Raphael begann damit im Jahr 1820, und Paul Choisnard trug Anfang des 20. Jahrhunderts wesentlich zu seiner Verbreitung bei. Zum Zeitpunkt des Erscheinens (1657) jedoch wurde die Einteilung von den bedeutendsten Astrologen (William Lilly und John Gadbury) kritisiert, während es die Unterstützung von John Partridge fand, der auch für die Veröffentlichung der Tabellen sorgte. Dadurch war es leicht anzuwenden und setzte sich gegen die anderen

Systeme durch. Worin besteht nun das Prinzip der Häusereinteilung und warum habe ich dieses Thema hier »eingeschoben«?

In Zusammenhang mit den Koordinaten des Horizonts haben wir eingangs die drei Sphärenkreise Horizont, Meridian und Erste Vertikale erwähnt. Diese sind die Grundlage für alle ernst zu nehmenden Häusersysteme; was unser Thema betrifft, so gehört dazu unbedingt die Einteilung von Campanus.[8] Unabhängig vom verwendeten System sind AC und DC immer die Schnittpunkte zwischen Ekliptik und Horizont, MC und IC die Schnittpunkte zwischen Ekliptik und Meridian; unterschiedlich aber fallen die Spitzen der dazwischen liegenden Häuser. Placidus z.B. gelangt zu diesen Spitzen, indem er die Halbbogen der Sonne, bzw. die Zeit die sie benötigt, um vom Aufgang bis zum Höhepunkt zu gelangen, in drei gleiche Segmente teilt. Er nimmt also die Zeit, die ein Ekliptikpunkt auf dem Weg vom Aufgang zur Kulmination braucht und teilt diesen in drei gleiche Teile, um zu bestimmen, zu welcher Zeit sich dieser Grad auf der Spitze des 12. und 11. Hauses befinden wird. Dadurch befindet sich jede Häuserspitze unabhängig von der Hausgröße zwei Zeitstunden vom nächsten entfernt, das 11. Haus ist zwei Zeitstunden vom MC entfernt, das 12. Haus vier Stunden, der AC sechs Stunden usw.

Das System von Campanus hingegen bedient sich des Nullvertikalkreises als Ausgangskreis und teilt ihn in gleiche Segmente von 30°. Diese werden auf die Ekliptik projiziert und bilden so die Häuserspitzen. Es handelt sich also um eine räumliche Einteilung, nicht um eine zeitliche wie bei Placidus. Um also z.B. die Häuserspitzen des 11. und 12. Hauses nach Placidus zu finden, teilt man den Bogen des Nullvertikalkreises zwischen Meridian (Zenit) und Horizont (astronomischer Osten) in drei gleiche Teile von je 30°. Von dort lässt man Kreise ausgehen, die sich an den Nord- und Südpunkten des Horizonts kreuzen und die Ekliptik berühren. Sie bestimmen damit die Spitzen des 11.und 12. Hauses. Ein solches raumbasiertes System, das den Nullvertikalkreis mit einbezieht, ist dem zeitbezogenen System von Placidus vorzuziehen – nicht nur was die

Berechnung des Vertex betrifft. Ich kann also Rudhyar nur zustimmen, wenn er sagt:

Ich betrachte die Häuser ganz klar als 30°-Segmente des Raumes, der den Akt der Geburt und Individualisierung umgibt, den ersten Atemzug, der den individuellen Rhythmus des Neugeborenen bestimmt. Die Häuser befinden sich nicht in den Tierkreiszeichen, sondern die Symbole des Tierkreises und alle Himmelskörper befinden sich in dem einen oder anderen Haus. Daraus folgt, dass das meist verwendete System der Häusereinteilung nach Placidus für ein solches Verfahren nicht geeignet ist, weil es auf dem Faktor Zeit beruht. Das System von Campanus hingegen bedient sich des Raumes, um die Längengrade der Häuserspitzen zu bestimmten, und deshalb verwende ich es selbst und finde es in meiner astro-psychologischen Tätigkeit immer aussagekräftig, auch wenn es nicht notwendigerweise das bestmögliche System sein mag.[9]

Da aber die Einteilung von Placidus eindeutig am meisten verwendet wird und auch in den PC-Programmen für Astrologen enthalten ist (meist mit Wahlmöglichkeit zwischen Regiomontanus, Porphyrius und GOH/Koch), werden wir uns für unser Beispiel der Häusertabellen von Placidus bedienen, so dass jeder den Vorgang nachvollziehen kann. Versuchen wir also, auf diese Weise den Vertex von E. Johndro zu bestimmen; dazu benötigen wir zwei Angaben:

1. Grad und Zeichen des IC
2. Die komplementäre Breite des Geburtsortes

Die erste Angabe erhalten wir direkt aus dem Geburtshoroskop: IC 14°21' Wassermann. Beim zweiten Wert, der Ko-Breite, geht es um Folgendes: Wenn der Breitengrad eines beliebigen Ortes dessen Entfernung in Grad zum Äquator ist, so entspricht die Ko-Breite der Entfernung des Ortes vom näher gelegenen Pol. Die Berechnung ist ganz einfach, man muss nur 90° vom Breitengrad des Geburtsortes abziehen; in unserem Fall liegt Franklin Center (Kanada) auf 49°N19'; also rechnen wir 90°- 49°19 = 40°41'; dies ist die komplementäre Breite des Geburtsortes. Somit verfügen wir also über die nötigen Daten und öffnen die Häusertabelle auf diesem Breitengrad (gerundet auf 41°) und suchen in der Reihe 10. Haus (MC) Grad und Zeichen des IC, also 14°21' Wassermann (gerundet auf 15°); nun gehen wir horizontal weiter bis zur Kolonne AC und lesen dort Grad und Zeichen dieses Aszendenten, der unser gesuchter Vertex ist: 9°34' Zwillinge (gegenüber 8°36', wie die Berechnung mit der Formel ergeben hat, jedoch haben wir zum leichteren Verständnis nach oben aufgerundet. Man wird also auch mit diesem System interpolieren müssen, um auf 8°36' Zwillinge zu kommen.)

Dieses Verfahren ist also ganz einfach so, als ob wir gesagt hätten: Wenn anstatt des IC auf 15° Wassermann der MC sich dort befände, welchen Aszendenten hätten wir dann? Wir könnten also den Vertex als den Aszendenten betrachten, der sich ergäbe, wenn unser IC ein MC wäre, natürlich auf der entsprechenden komplementären Breite.

Man kann den Vertex auch noch anders berechnen, nämlich ohne IC: indem man zur Sternzeit zwölf Stunden hinzufügt (Sternzeit der Geburt) und in der Häusertabelle an der entsprechenden komplementären Breite den Aszendenten ablesen, der dieser neuen Sternzeit entspricht – dies ist der gesuchte Vertex. In unserem Fall ist die Geburtszeit von E. Johndro 9h 07min 16s; plus 12 Stunden ergibt 21h 07min 16sec. Damit öffnen wir die Häusertabelle beim Breitengrad 41° (gerundet) und lesen den entsprechenden Aszendenten ab: 8°28' Zwillinge für die Zeit 21h 05min 52sec bzw. 9°34' für 21h 09m 51sec; auch hier muss interpoliert werden, um 8°36'Zwillinge zu erhalten.

Es gibt aber auch Computerprogramme, die den Vertex integriert haben, damit die Arbeit beträchtlich erleichtern und auch denen, die mit Berechnungen auf Kriegsfuß stehen, einen Zugang zu diesem sehr nützlichen Horoskopfaktor ermöglichen.

Da der Vertex der »westliche« Schnittpunkt von Ekliptik und Erster Vertikale ist, befindet er sich immer im rechten Teil des Horoskops zwischen dem 5. und 8. Haus.

Zu verschiedenen Tageszeiten und in unterschiedlichen Jahreszeiten sieht der Vertex für Florenz (43°N46') so aus:

Frühlings-Tagundnachtgleiche

Sonnenaufgang	in Konjunktion mit DC
Mittag	maximale Elongation unter dem Horizont (5. Haus)
Sonnenuntergang	in Konjunktion mit DC
Mitternacht	maximale Elongation über dem Horizont (8. Haus)

Herbst-Tagundnachtgleiche

Sonnenaufgang	in Konjunktion mit DC
Mittag	maximale Elongation über dem Horizont (8. Haus)
Sonnenuntergang	Konjunktion zum DC
Mitternacht	maximale Elongation unter dem Horizont (5. Haus)

Sommersonnwende

Sonnenaufgang	maximale Elongation unter dem (ca. 2 Stunden später) Horizont (5. Haus)
Mittag	in Konjunktion zum DC
Sonnenuntergang	maximale Elongation über dem (ca.2 Stunden später) Horizont (8. Haus)
Mitternacht	in Konjunktion mit DC

Wintersonnwende

Sonnenaufgang	maximale Elongation über dem (ca. 2 Stunden später) Horizont (8. Haus)
Mittag	in Konjunktion mit DC
Sonnenuntergang	maximale Elongation unter dem(ca. 2 Stunden später) Horizont (5. Haus)
Mitternacht	in Konjunktion mit DC

Die maximale Elongation des Vertex auf dem Breitengrad von Florenz entspricht 43°27' sowohl über dem westlichen Horizont (DC), also im 8. Haus, als auch unter diesem Horizont, im 5. Haus. Auf der geographischen Breite von Oslo (59°N55') z.B. beträgt diese Elongation 54°15' sowohl über wie unter dem Horizont. Zum besseren Verständnis der Bewegung des Vertex innerhalb des Geburtshoroskops betrachten wir seine Position in 2-Stunden-Abständen im Radix eines Horoskopeigners, der am 10.8.1954 in Florenz geboren ist. In der ersten Kolonne befinden sich die Geburtszeiten, in der zweiten die Stellung im Tierkreis, in der dritten die Häuser.

Zeit	*Längengrad*	*Haus*
00	03°00' Skorpion	VI
02	25°23' Skorpion	V
04	19°00'Schütze	V
06	17°36' Steinbock	V
08	00°17' Fische	VI
10	28°02' Widder	VII
12	11°21' Zwillinge	VIII
14	10°13' Krebs	VIII
16	03°55' Löwe	VIII
18	26°19' Löwe	VII
20	18°44' Jungfrau	VII
22	11°18' Waage	VI
24	03°43' Skorpion	VI

Der Vertex »bewegt« sich also nur in den Häusern 5 bis 8 und durchläuft in 24 Stunden den gesamten Tierkreis. Er verweilt also im westlichen Bereich, dem des Deszendenten.

Jedoch Vorsicht!

Wir haben gesagt, dass wir den Vertex mittels einer normalen Häusertabelle finden können. Der höchste darin verzeichnete Breitengrad beträgt 66°. Da für unsere Berechnung der Breitengrad des Geburtsortes von 90° abgezogen werden muss, können wir hier nur Werte für Personen finden, deren Geburtsorte sich mindestens auf einer nördlichen oder südlichen Breite von 24° befinden – (90-24 = 66). Und wie steht es mit den anderen, die innerhalb der Tropenzone geboren sind, also zwischen 23°27' Nord und 23°27' Süd? Können wir für sie keinen Vertex bestimmen?

Ich habe versucht festzustellen, wo sich der Vertex eines am 10.08.1954 geborenen Horoskopeigners befinden würde, läge der Geburtsort in Bogotà (Kolumbien) auf 04°N36'.

Auch hier stehen in der ersten Kolonne die Uhrzeit, in der zweiten die Position des Vertex im Tierkreis und in der dritten die Häuser.

Zeit	*Längengrad*	*Haus*
00	07°45' Waage	V
02	10°52' Waage	IV
04	11°30° Waage	III
06	08°43' Waage	II
08	02°37' Waage	I
10	25°20' Jungfrau	XII
12	20°05' Jungfrau	XI
14	18°22' Jungfrau	X
16	19°51 Jungfrau	IX
18	23°29' Jungfrau	VIII
20	28°17' Jungfrau	VII
22	03°22' Waage	VI
24	07°53' Waage	V

Wir können daraus ersehen, dass im Unterschied zu den mittleren Breiten wie z.B. Florenz der Vertex hier alle Häuser berührt, während er hinsichtlich der Tierkreiszeichen innerhalb von ca. 23 Längengraden bleibt, von 18°22' Jungfrau bis 11°30' Waage. Es geschieht auch etwas, das wir bisher in der Arbeit mit Geburtsorten in mittleren Breiten noch nicht erlebt haben – dass nämlich der Vertex auch in den östlichen Bereich fallen kann, z.B. ins 1. Haus! Wir hatten aber doch gesagt, dass der

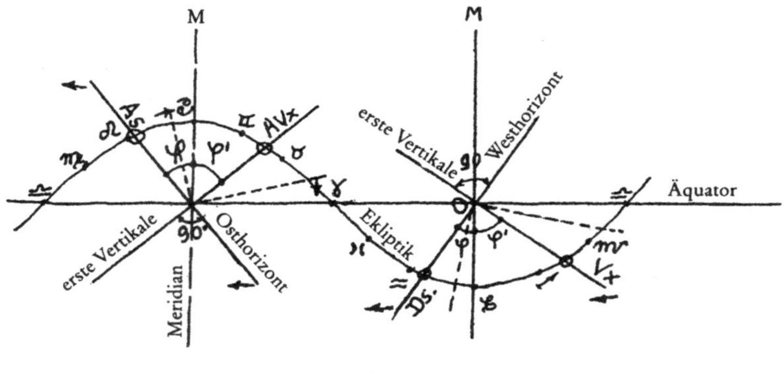

Abb. 7

Vertex als westlicher Schnittpunkt von Ekliptik und Erster Vertikale sich deshalb immer im westlichen Bereich befindet – weshalb also dieses Verhalten in äquatornahen Breiten? Auf der Höhe von Florenz durchlief der Vertex alle Zeichen, bewegte sich aber nur in den Häusern um den DC, während er sich hier genau umgekehrt verhält, alle Häuser durchläuft, aber in den Zeichen um 0° Waage verbleibt.

Einer der bedeutendsten Forscher im astrologischen und esoterischen Bereich, Sergio Ghivarello, sagt dazu folgendes:

... zum Verständnis des astronomischen Verhaltens des Vertex ist es unerlässlich, sich über dessen himmelsgeometrische Bedeutung im Klaren zu sein – seine Bewegung muss zu den variierenden Parametern in Beziehung gesetzt werden.

Die schematische Zeichnung (Abb. 7) stellt diese Elemente grafisch dar. Die Sinuslinie entspricht der Ekliptik als Grundlage für die zodiakale Länge; die Gerade E ist der Äquator, Grundlage der RA oder der Sternzeit; die Vertikale M stellt den Meridian als Basis für die Breite dar; die Strecke H-AC auf der Ebene des östlichen Horizonts, die auf ihrer Ekliptik den AC bestimmt, während die Strecke H-DC auf der Ebene des westlichen Horizonts liegt, die auf der Ekliptik den DC bestimmt; H-AVX ist die Strecke auf der Ersten Vertikalen, die auf dem östlichen Horizont den sogenannten Antivertex definiert, H-VX die im Os-

ten gelegene Strecke auf der Ersten Vertikalen, die in ihrem Kreuzungspunkt mit der Ekliptik den Vertex bestimmt, diesen subtilen und komplementären Aszendenten.

Der Winkel φ ist die Breite der Horizontebene und φ' seine komplementären Breite, d.h. die theoretische Breite des Nullvertikalkreises. Es handelt sich also um zwei komplementäre Winkel, da φ + φ' = 90°.

Wenn φ zunimmt, vergrößert sich φ' proportional (punktierte Linie – Abb.1) und wenn φ den Wert von 23° annimmt, befindet sich φ' bei 67°. Dies bedeutet, dass der Vertex – in einem Horoskop für die Breite von 23° – sich genauso verhält wie der AC auf der Breite von 67°, also am Polarkreis. Das heißt, dass seine Bezugsebene um 18h Sternzeit mit der Ekliptik zusammenfällt und der AC – oder VX – fast unmittelbar von 0° Steinbock zu 0° Krebs wechselt und 180° überspringt. Beträgt die Breite mehr als 67°, so wird die Bezugsebene (der Horizont für den AC, der Nullvertikalkreis für den VX) eine geringere Neigung haben als die Ekliptik (23°) und sich zwischen dem Äquator und der Ekliptik befinden. Während der 24stündigen Drehung um die Polarachse wird sie deshalb die Ekliptik nur mehr in zwei Sektoren neben dem Frühlings-und Herbstpunkt (Abb. 8) schneiden, wobei diese Sektoren sich bei zunehmender Breite immer mehr reduzieren, bis bei 90° (dem Pol) die Bezugsebene mit dem Äquator übereinstimmt und der AC (oder VX) im entsprechenden Äquinoktalpunkt steht (0° Waage oder 0° Widder) und dort während der gesamten 24 Stunden verweilt, in denen die Ebene um die Polarachse rotiert.

In Abb. 8 befindet sich die Ebene des Horizonts (oder des Nullvertikalkreises) zwischen Ekliptik und Äquator und schneidet während ihrer Rotation die Ekliptik nur in dem gestrichelten Bereich (innerhalb der Zirkumpolarlinie), neben den Punkten der Tagundnachtgleichen. Deshalb bewegt sich der Vertex im Beispiel für die Breite von Bogotà, wenn φ' des Nullvertikalkreises ca. 86° beträgt, nur in einem beschränkten Bereich des Tierkreises nahe an 0° Waage.[10]

Dieses nun hinreichend erklärte Verhalten des Vertex in extre-

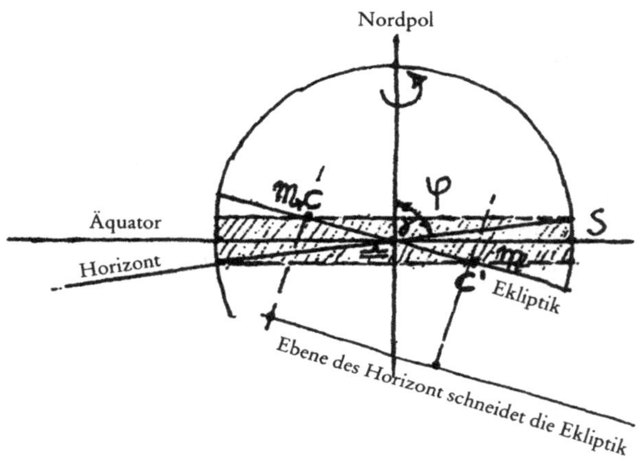

Abb. 8

men Breitengraden erzeugt Interpretationsprobleme bei Horoskopen für eben diese geographische Breite, denn es verkehrt sich im Vergleich zu den mittleren Breiten alles ins Gegenteil. Dort sind weniger Häuser betroffen, aber alle Tierkreiszeichen werden berührt – hier aber sind nur wenige Tierkreiszeichen beteiligt, aber alle Häuser. Aufgrund der wenigen Fälle, die uns für extreme Breiten zur Verfügung stehen, ist es im Augenblick unmöglich, die sicherlich vorhandenen Unterschiede näher zu untersuchen. Wollen wir dennoch den Vertex des in Bogotà Geborenen interpretieren, vielleicht für 8h morgens, also mit dem Vertex im 1. Haus und in Waage, so werden wir uns für die Stellung im Haus entscheiden und das Tierkreiszeichen vernachlässigen bzw. behandeln, als ob er im Widder stünde (1. Haus analog dem ersten Zeichen); Die Platzierung in Waage kann uns höchstens für die Beurteilung der Venus dienen; wir betrachten also Mars und auch Venus (hier ist der Vertex in Konjunktion zu Venus) und ziehen daraus unsere Schlüsse. Nach meinen – wenig zahlreichen – Erfahrungen ist dieses Verfahren gar nicht so abstrus wie es anfangs scheinen mag. Das zitierte Beispiel beruht auf realen Verhältnissen und gilt für einen männlichen Geborenen, dessen Horoskop ich zu interpretieren Gelegenheit hatte. Ich war unsicher über das Verfahren bezüglich des Vertex, eben wegen seiner unüblichen Position, aber nachdem ich mich damit näher befasst hatte, konnte ich feststellen, dass z.B. die Unfähigkeit, Beschränkungen der Zeit oder des Lebens zu akzeptieren (typisch für Vertex in Widder – siehe weiter hinten im Kapitel über die Tierkreiszeichen) hier deutlich vertreten war, was bei einem Vertex in Waage eigentlich nicht hätte der Fall sein dürfen.

Wir werden uns nun aber mit dem Vertex befassen, wie er in den mittleren Breiten anzutreffen ist.

Die Bedeutung des Vertex

Bisher ist der Vertex hauptsächlich in der Partnerschaftsastrologie bei Horoskopvergleichen oder Compositen zur Verwendung gekommen und hat vornehmlich zum besseren Verständnis sogenannter schicksalhafter oder karmischer Begegnungen gedient, bei denen die Individuen selbst wenig oder keinen Einfluss haben.

Wir kommen seiner wahren Bedeutung näher, wenn wir ihn aus einem anderen Blickwinkel betrachten. Wir haben gesagt, dass der Vertex als der AC betrachtet werden kann, den wir hätten, wenn unser IC ein MC wäre, und können ihn also als den Aszendenten des IC betrachten; psychologisch betrachtet stellt der IC unsere tiefsten seelischen Bedürfnisse dar. Er ist der Ort der Seele, des Unbewussten, der Familie und des Ursprungs; hier haben wir unsere Wurzeln. Dies ist der Bereich der instinkthaften Reaktionen, unseres Bedürfnisses nach Sicherheit und Identität; wenn wir dies alles nach Außen verlagern, es also in den Süden unseres Horoskops setzen und wie ein Medium Coeli behandeln, dann ist der sogenannte Vertex nichts anderes als der Aszendent unserer unbewussten Persönlichkeit, des Wesens unserer Seele.

Aus astronomischer Sicht ist der Vertex der westliche Schnittpunkt von Ekliptik und Erster Vertikale; durch seine Lage im westlichen Bereich ist er den Beziehungen, zwischenmenschlichen Kontakten, der Verbindung zur Außenwelt zugeordnet. Deshalb können wir sagen, dass dieser »Punkt« auch für die Rolle steht, die dem Individuum in der Gesellschaft zugedacht ist, in der es lebt, somit steht er in Verbindung zur »Art und

Weise«, in der wir auf die Außenwelt zugehen oder auf diese reagieren; außerdem wäre der Vertex, wie Sergio Ghivarello es sehr gut ausdrückt, *»verbunden mit den Beziehungen, durch die wir existentielle Dimensionen wahrnehmen, die vom Gewohnten und Üblichen abweichen«.*[11] Diametral entgegengesetzt, also im östlichen Bereich, finden wir den Antivertex.

Auf psychologischer Ebene könnten wir die Hypothese wagen, die Achse AC/DC mit dem Ich zu verbinden, die Achse IC/MC mit dem Über-Ich und die Achse Vertex/Antivertex mit dem freudianischen Es, also dem *«Brunnen der Begierden, auf dessen Wänden die Geschichte der Befriedigungen und Frustrationen verzeichnet ist«.*[12]

Untersuchungen an psychisch geschwächten Personen haben gezeigt, wie der Vertex für das Verständnis von Stimmungs- und Gefühlsstörungen (und/oder Schizophrenie)[13] von Nutzen sein kann; ebenso für Persönlichkeitsstörungen mit antisozialem Hintergrund. Denken wir nur an »Borderline«-Persönlichkeiten[14] oder stark narzistisch oder histrionisch gefärbte Charaktere – in dieser Richtung liefen die Untersuchungen. Ich möchte aber betonen, dass die Stellung des Vertex im Horoskop allein nicht ausreicht, um eine Diagnose zu stellen, da es sich bei diesen Krankheiten immer um komplexe Vorgänge handelt.

Zum besseren Verständnis des Folgenden müssen wir aber nochmals etwas einschieben: Der AC ist bekanntlich der Beginn des 1. Hauses, analog dem ersten Tierkreiszeichen, Widder; der MC ist der Beginn des 10. Hauses, analog dem zehnten Zeichen Steinbock; der DC ist der Beginn des 7. Hauses, analog dem siebten Zeichen, Waage, und der IC ist der Beginn des 4. Hauses, analog dem vierten Zeichen Krebs; jeder dieser Kardinalpunkte wird folglich von dem dort herrschenden Planeten regiert; der AC also von Mars, der MC von Saturn, der DC von Venus und der IC vom Mond, so dass sich eine vertikale Achse Mond/Saturn (Achse des Herkunft, der Bestimmung oder der Macht) und eine horizontale Achse Mars/Venus (Achse der Kontakte, der Beziehungen, des Austauschs) herausbilden.[15] Dies sind die Achsen des Meridians und des Horizonts (Abb. 9).

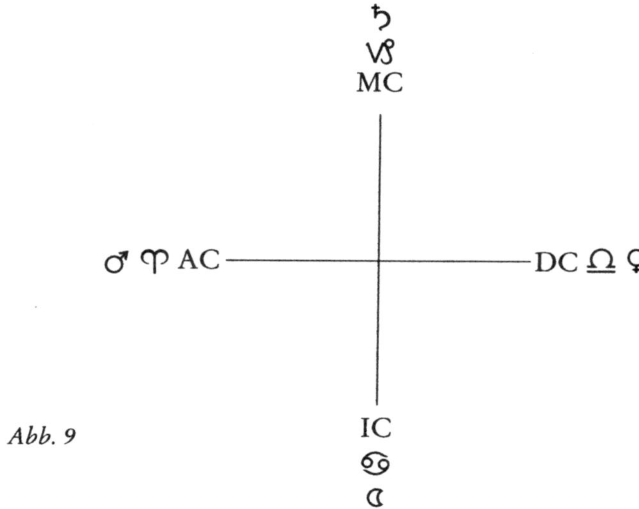

Abb. 9

Fügen wir noch die Achse des Nullvertikalkreises hinzu, sieht das Bild so aus wie in Abbildung 10.

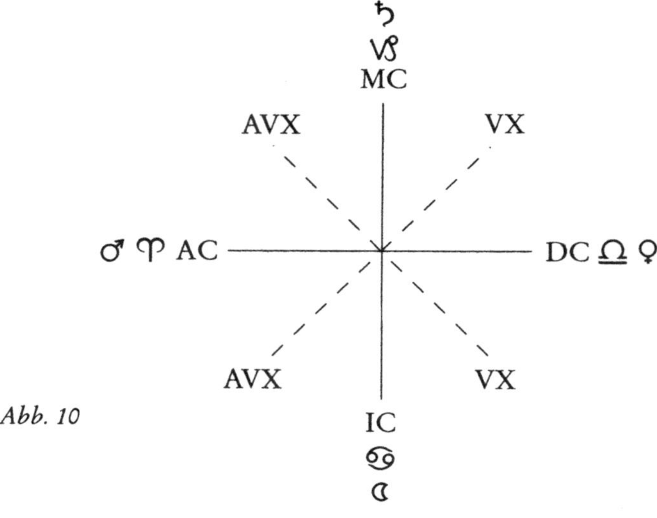

Abb. 10

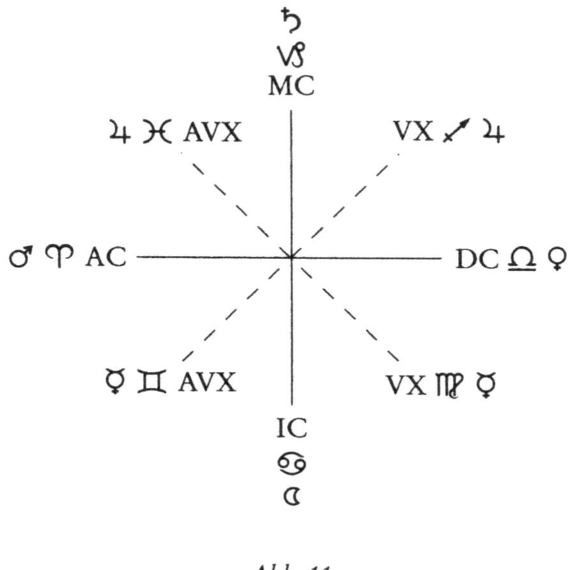

Abb. 11

Ich habe zwei Linien eingezeichnet, weil wir einen Vertex über oder unter dem Horizont haben können. Wir wissen aber, dass der Vertex bzw. die Achse Vertex/Antivertex nicht den Beginn eines Hauses bezeichnen, im Unterschied zu AC, MC, DC, IC. Entsprechend besteht auch keine Analogie zu den Tierkreiszeichen; dennoch können wir ihnen Planeten zuordnen, und zwar Merkur und Jupiter (Abb. 11).

Man könnte zu Recht einwenden, dass zwischen Widder und Krebs nicht nur die Zwillinge, sondern auch das Zeichen Stier liegt, und die Frage stellen, warum als dominanter Planet Merkur und nicht Venus gewählt wurde, und dass zwischen Waage und Steinbock sich auch Schütze und Skorpion befinden, und ebenso fragen, warum Jupiter hier dominant sein soll und nicht Mars, sodass auch eine Achse Venus/Mars entstehen könnte. Eine solche Achse existiert jedoch bereits (AC/DC). Hätten wir die Einteilung so getroffen, hätten wir auf der anderen Achse auch die Zeichen Löwe/Wassermann statt Jungfrau/Fische annehmen müssen; dadurch wären wir zu einer Achse Venus/Mars und einer Achse Sonne/Saturn gelangt, also zu vier verschiedenen Gestirnen, die die Achse Vertex/Antivertex verkörpern, welche zwar über und unter dem Horizont vier verschiedene Stellungen einnehmen kann, wir aber bis zum Beweis des Gegenteils nur über einen Vertex und einen Antivertex verfügen. Wir benötigen also nur zwei Planeten und immer die gleichen für die vier Stellungen. Der Tierkreis kommt uns hier entgegen, indem er den Achsen Jungfrau/Fische und Zwillinge/Schütze die gleichen Planeten zuordnet, nämlich Merkur und Jupiter. Wir können als dem Vertex über dem Horizont Jupitereigenschaften zuordnen, den Vertex unter dem Horizont Merkureigenschaften. Das Gleiche gilt für den Antivertex.

Dies bringt uns dem Verständnis der Bedeutung der Achse Vertex/Antivertex näher, die in sozialen Beziehungen zum Tragen kommt und Einfluss auf Komplexe und Beziehungsneurosen ausübt. Merkur und Jupiter sind die grundlegenden Symbole für soziale Anpassung.

Hier möchte ich daran erinnern, dass die Achse Vertex/Antivertex auf einer vertikalen Ebene liegt, wie auch die Achse MC/IC, während die Achse AC/DC sich auf einer horizontalen Ebene befindet; dies bedeutet auf jeden Fall, dass die beiden Achsen gemeinsam gedeutet werden müssen und nicht voneinander getrennt werden dürfen. Niemand von uns kommt allein zur Welt oder lebt allein, wir werden in eine bestimmte Gesellschaft oder Gruppe hineingeboren, bewegen uns darin und sehen uns bestimmten materiellen, moralischen, ethischen und sozialen Bedingungen ausgesetzt, die zur betreffenden Zeit und am betreffenden Ort eben herrschen. Durch diese Normen, Dogmen und Seinsweisen werden wir beeinflusst. Mit ihnen – oder gegen sie – werden wir unsere Individualität aufbauen. Auch unser Verhalten wird erst durch die familiäre oder soziokulturelle Umgebung (MC/IC-Achse) gefiltert, bevor es seinen Ausdruck finden kann, sodass diese Bedingungen nicht nur Verhalten und psychische Entwicklung beeinflussen, sondern auch in eventuellen Verhaltensstörungen reflektiert werden.

Die MC/IC-Achse stellt die Individuation oder Differenzierung dar, den Wachstums- und Autonomieprozess des einzelnen. Geht es beim IC um Identifikation, so steht der MC für die Individuation (Differenzierungsprozess); wird dieser Vorgang des »einzigartig Werdens« behindert, Zwängen ausgesetzt oder abgelenkt, so kann dies die Voraussetzung für verschiedene Reaktionen oder Störungen sein, die im Bereich der Vertex-Antivertex-Achse auftreten können, und je nach dem, ob der Vertex sich über oder unter dem Horizont befindet, wird es sich dabei um ein Problem der sozialen Anpassung oder der emotionalen Kontrolle handeln.

Im ersten Fall (Vertex über und Antivertex unter dem Horizont) werden wir uns fragen müssen, wie groß in unserer psychischen Entwicklung der Anteil der Angst vor der Konfrontation mit der Außenwelt, dem Leben, den anderen, ist, die Angst, Fehler zu machen und deshalb ausgeschimpft zu werden, oder Angst davor, verraten zu werden, verlassen, in die Ecke gestellt.

Im zweiten Fall (Vertex unter und Antivertex über dem Horizont) stellt sich die Frage nach dem Grad unserer Kompromissfähigkeit, in welchem Maß wir gewisse Ausflüchte akzeptieren wollen, wie flexibel oder rigide wir im Umgang mit uns selbst und den anderen sind und inwieweit wir imstande sind, die Dinge des Lebens und ihr Gewicht zu ertragen.

In dieser Hinsicht muss ich mir und Ihnen die Frage stellen, ob es denn purer Zufall sein kann, dass in den Geburtshoroskopen von Selbstmördern der Vertex in 70% der Fälle unter dem Horizont liegt?

Anderseits kann ein Vertex im »nächtlichen« und im »mondbestimmten« Bereich (d.h. also beim IC) im Falle psychologischer Probleme auf eine »Rückkehr zu den Ursprüngen« hinweisen, also auf eine Entdifferenzierung der Persönlichkeitsstruktur, die sich im MC differenziert und individualisiert hatte – eine Regression zu primitiven, naiven oder sogar irrationalen Verhaltensweisen, als Schutzmechanismus und beschleunigte Rückkehr in den mütterlichen Schoß.

Wir sagen also, der Vertex ist der Aszendent, den wir gehabt hätten, wenn unser IC ein MC wäre – dadurch wird der Beginn des IV. Hauses zu einem wichtigen Punkt für die »vertexorientierte« Betrachtungsweise des Horoskops. Dabei müsste der Mond eine wichtigere Rolle spielen als die Sonne. Der AC verhält sich zum Vertex wie die Sonne zum Mond. Im traditionellen Horoskop symbolisiert die Sonne das Ich und zeigt das Geburtszeichen an. Im Vertexhoroskop, auf das wir später noch zu sprechen kommen, steht der Mond für das »Geburtszeichen« und der Vertex für den Aszendenten. Bei der Deutung eines Horoskops mit Hilfe des Vertex muss deshalb der Stellung des Mondes große Aufmerksamkeit geschenkt werden. Wir befinden uns im Bereich des Verhaltens und der Seelenkräfte – das Zeichen, in dem der Mond steht, ist »unser« Zeichen, und das Zeichen, in welches der Vertex fällt, ist »unser« Aszendent. Wir könnten so ein neues Horoskop erstellen - das *Vertexhoroskop*, das uns kostbare Informationen liefern müsste. Im folgenden werden wir sehen, wie dieses Verfahren zu entwickeln ist.

Das bisher Gesagte zeigt uns eine neue Möglichkeit, den Vertex einzusetzen, und zwar im Bereich der Psychologie, in der Beschäftigung mit dem Verhalten und seinen Störungen. Dabei können wir den Vertex als den Punkt im Horoskop betrachten, der uns hilft, die Verhaltensweisen eines Individuums zu verstehen: seine Reaktion auf Reize oder Angriffe von außen, auf eigene Ängste und Probleme, während der Antivertex als der Punkt gelten kann, der uns die Motivationen erklärt, die besagten Reaktionen zugrunde liegen.

Der Vertex in den Häusern

Wie wir gesehen haben, befindet sich der Vertex im westlichen Teil des Horoskops auf einem bestimmten Längengrad, so dass nur wenige Häuser betroffen sind, vor allem das 5., 6. ,7. und 8. Haus (die gegenüberliegenden sind vom Antivertex besetzt); dadurch wird natürlich eine umfassende Behandlung der »irdischen« Position des Vertex stark eingeschränkt. Wir können jedoch eine Richtschnur für die Interpretation der hauptsächlich betroffenen Häuser geben:

Vertex im 5. Haus

Wer diese Position im Horoskop hat, der fühlt, dass er etwas oder jemanden bekämpfen und sich an einem bestimmten Punkt seines Lebens verteidigen muss, um seine Rechte geltend zu machen, um etwas zu schützen, was ihm gehört; und es ist typisch für diese Menschen, dass sie oft gegen ihren Willen in einer wettbewerbsorientierten Umgebung leben oder arbeiten und sich im Zentrum einer Konkurrenzsituation befinden. Sie müssen sich verteidigen, um ihren Platz zu behaupten, aber sie werden auch lernen, ihre Egoimpulse zu beherrschen – kampfgewöhnt wie sie sind, meinen sie, immer in der Defensive oder kampfbereit sein zu müssen. Tratsch und Klatsch scheint sie ihr ganzes Leben zu begleiten (entweder als dessen Quelle oder Opfer). Es sind gefühlsbetonte Menschen, die sich vor Ängsten in Acht nehmen müssen. *Wichtig ist hier die Entwicklung von Vertrauen.*

Vertex im 6. Haus

Menschen mit dieser Konstellation scheinen mehr als andere im Kielwasser ihrer vergangenen Erfahrungen und Handlungen zu leben. Wir könnten hier von einer karmischen Konstellation sprechen, in dem Sinne, dass man erntet, was man gesät hat. Um Probleme zu vermeiden, muss man dabei ehrlich zu sich selbst sein. Häufig manövrieren sich diese Menschen durch ihr Verhalten in eine Sackgasse, aus der sie nur schwer wieder herausfinden; manchmal liegt auch ein Konflikt mit einer inneren oder äußeren Autorität vor, der, so er nicht bewältigt wird, dazu führt, dass man starr und hart wird zu anderen. Die Konstellation bringt auch mit sich, Rechenschaft über eventuelle Fehler, Täuschungen, Boshaftigkeiten ablegen zu müssen. Ungeduld und Neid können hier verhängnisvoll sein, während diese Menschen andere durch ihre Großzügigkeit gewinnen können. *Wichtig ist hier die Entwicklung von Ehrlichkeit.*

Vertex im 7. Haus

Wer unter dieser Konstellation geboren wird, scheint sich in verstärktem Maße der eigenen Grenzen und der ihn umgebenden Welt und Kultur bewusst zu sein. Soll er die Grenzen hinnehmen oder überschreiten? Es handelt sich also um eine Position, die mehr als andere Zweifel und Konflikte nähren kann, die mehr Fragen stellt, als sie Antworten geben kann, die aber gerade deshalb auch starke Impulse zum Verstehen der Dinge liefert, wobei ein eiserner Wille, gepaart mit brillanter Intuition und großem Enthusiasmus hilfreich ist. Solche Personen sind selten mit sich (oder den Menschen und Dingen um sie herum) zufrieden, sie verspüren ein großes Bedürfnis geliebt zu werden.

Die Konstellation kann Probleme im Zusammenhang mit der eigenen Identität, mit religiöser, spiritueller oder kultureller Identifikation begünstigen. *Hier ist die Entwicklung von Autorität wichtig.*

Vertex im 8. Haus

Die Geborenen scheinen oft widersprüchlichen Impulsen – geistiger oder instinkhafter Natur – unterworfen zu sein; mehr als andere machen sie die Erfahrung von Gut und Böse, Höhen und Tiefen und werden oft von irrationalen Impulsen erfasst, die zerstörerisch aber auch kreativ sein können. Auf diese Weise können sie zu den höchsten Höhen von Spiritualität und Philosophie, aber auch in die niedrigsten Bereiche des Primitiven und Instinkthaften gelangen. Geistig und körperlich sind sie frühreif, von großer Sensibilität und besitzen eine angeborene Kenntnis des menschlichen Wesens, was sie zu ausgezeichneten Psychologen macht. Häufig verspüren sie das Bedürfnis, einen Weg zur Erkenntnis und Selbsterkenntnis zu beschreiten, über dessen Schwierigkeit sie sich im Klaren sind, den sie aber einfach einschlagen »müssen«, unter dem Einfluss einer Kraft, die für sie selbst auch unerklärlich ist. Die Konstellation kann Schwierigkeiten in Zusammenhang mit Minderwertigkeitsgefühlen hervorrufen. *Wichtig ist hier die Entwicklung von Geduld und Akzeptanz.*

Mini-Häuser

Bevor wir das Kapitel der Häuser abschließen, sollten wir zum besseren Verständnis der Verwendung des Vertex zu seiner Stellung im Horoskop zurückkehren. Wie erwähnt, befindet er sich zwischen dem 5. und dem 8. Haus, was die Möglichkeiten der Interpretation natürlich sehr einengt. Wir können uns aber mit einem sehr einfachen und leicht ersichtlichen Mittel behelfen. Man unterteilt den Abschnitt des Horoskops zwischen der Spitze des 5. und der Spitze des 9. Hauses in zwölf Teile, dadurch entstehen zwölf gleich große Sektoren als Analogie zu den zwölf Häusern[16]. Achten Sie darauf, in welches dieser *Mini-Häuser* der Vertex fällt, und verwenden Sie diesen zusätzlichen Hinweis für Ihre Deutung. Dieses empirische Mittel dient als »Erste Hilfe« und ist dazu geeignet, den eingangs erwähnten Mangel an Interpretationsmöglichkeiten ein wenig zu lindern; es sollte aber sparsam und mit Überlegung eingesetzt werden. Der Vertex bewegt sich übrigens nicht wirklich von der Spitze des 5. zur Spitze des 9. Hauses, sondern zwischen einem bestimmten Punkt innerhalb des 5. zu einem anderen Punkt innerhalb des 8. Hauses. Für den Breitengrad von Florenz entspricht dies 43°27' über oder unter dem westlichen Horizont, also insgesamt 86°54', die effektiv vom Vertex durchlaufen werden. Muss man also diesen Raum durch zwölf teilen? Dies könnte sinnvoll scheinen, würde aber durch die Tatsache kompliziert, dass wir für jeden Breitengrad die tatsächliche Elongation des Vertex berechnen müssten – es ist also besser, sich auf das symbolische System der Häuserspitzen zu beschränken[17]. Welche Bedeutung können wir der Position des Vertex in diesen *Mini-Häusern* zuschreiben?

Natürlich nur eine symbolische und unverbindliche, die aber auf jeden Fall hilfreich ist für ein besseres Verständnis dieses Horoskopelements. Wissen wir z.B., dass sich der Vertex im 2. Mini-Haus befindet, können wir dessen Bedeutung besser verstehen. Er könnte darauf hinweisen, dass der Horoskopeigner feste Bezugspunkte benötigt – auch in wirtschaftlicher Hinsicht –, um bestimmten Verantwortungen gerecht zu werden, die ihm übertragen worden sind; in psychologischer Hinsicht könnte es Beziehungsprobleme bedeuten, die aus einer fehlerhaften Kontrolle der Ego-Impulse rühren. Dies wäre auch bei einer Stellung des Vertex im 8.«Mini«-Haus der Fall, wobei es in diesem Fall auch noch um Probleme mit dem Selbstwert gehen könnte (Antivertex im 2. Haus).

Steht der Vertex im 4. *Mini-Haus*, so könnte es sich um das Problem innerer Unsicherheit handeln, das durch zu große Erwartungen seitens der Eltern entstanden ist, die Angst, dem nicht gewachsen zu sein, ihre Forderungen nicht erfüllen zu können und entsprechende Schuldgefühle, ebenso kann es um Konflikte mit den Eltern gehen; dies würde entsprechend auch für das 10.»Mini«-Haus gelten, da immer die Achse 4/10 beteiligt ist.

Als Beispiel möchte ich das Horoskop des australischen Pianisten David Helfgott hinzuziehen, dessen Leben die Vorlage für dem wunderschönen Spielfilm »Shine« ist. Von einem autoritären und kastrierenden Vater unterdrückt, versucht er sich von dieser belastenden Vatergestalt zu befreien, indem er gegen den Willen der Eltern in London Musik studiert. Er kann aber den inneren Konflikt nicht überwinden und verfällt in die Schizophrenie. Jahrelang dämmert er in einem Irrenhaus vor sich hin, bis er eine Frau kennenlernt: Gillian, eine Astrologin und wesentlich älter als er, die ihn schließlich heiratet und ihn so dem Leben und der Musik zurückgibt.[18]

In seinem Geburtshoroskop steht die Spitze des 5. Hauses bei 25°59' Waage, während sich die Spitze des 9. Hauses bei 20°25' Wassermann befindet, was eine Distanz von 114°26' ausmacht; teilen wir diese in 12 Teile, erhalten wir jeweils 9°32'10" für jedes »Mini«-Haus, wie hier ersichtlich:

Mini-Häuser	*Länge*	
1. Haus	25°59'00"	Waage
2. Haus	05°31'00"	Skorpion
3. Haus	15°03'20"	Skorpion
4. Haus	24°35'30"	Skorpion
5. Haus	04°07'40"	Schütze
6. Haus	13°39'50"	Schütze
7. Haus	23°12'00"	Schütze
8. Haus	02°44'10"	Steinbock
9. Haus	12°16'20"	Steinbock
10. Haus	21°40'30"	Steinbock
11. Haus	01°20'40"	Wassermann
12. Haus	10°52'50"	Wassermann

Der Vertex Helfgotts befindet sich bei 24°45' Steinbock; er steht also im 10. *Mini-Haus* bzw. auf der Achse 4/10, der Eltern-Achse. Es handelt sich also um einen Machtkonflikt (10. Haus) mit der Vatergestalt (4. Haus); die Stellung des Vertex selbst in Steinbock verstärkt diese Konfiguration (siehe folgendes Kapitel über die Tierkreiszeichen). Wie man sieht, handelt es sich hier um ein System, das eine zusätzliche Interpretationshilfe

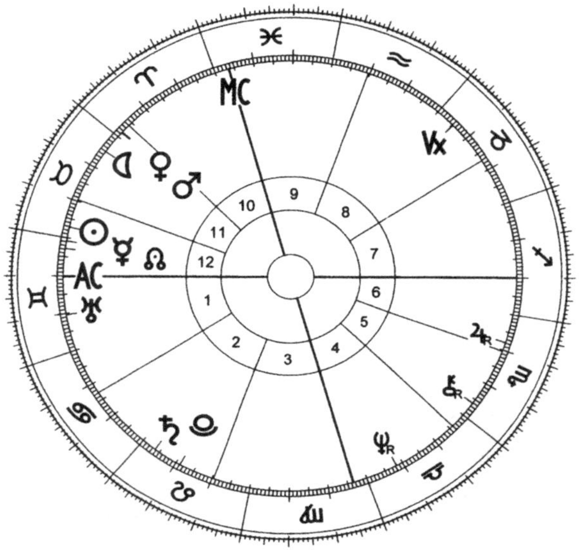

Abb. 12: David Helfgott

darstellt, die zwar nicht bindend ist, aber auf jeden Fall anregend sein kann.

Eine andere Methode könnte die Verwendung der Mondhäuser sein – die 28 möglichen Mondpositionen teilen den Tierkreis in 28 Sektoren zu je 12°51'26". Wir haben schließlich auch gesehen, wie wichtig der Mond in diesem Interpretationsmodus ist, sodass es durchaus sinnvoll wäre, die Bedeutung für die Auslegung zu untersuchen. Im Horoskop Helfgotts fällt der Vertex in das 23. Haus, das von 12°51'27" bis 25°42'52" Steinbock reicht. Alten Texten zufolge ist dieses der destruktiven Wirkung von Mars ausgesetzt und bringt Probleme zum Ausdruck, die durch einen nicht konstruktiven Umgang mit den eigenen Kräften entstehen. Dabei müssen wir auch noch bedenken, dass sich Mars in diesem Horoskop im Quadrat zum Vertex befindet!

Der Vertex in den Tierkreiszeichen

Diese Position des Vertex ist wesentlich aussagekräftiger. Hier finden wir eine erste, zwar summarische aber nützliche Deutung der Eigenschaften dieses Faktors. Das Tierkreiszeichen, in dem der Vertex steht, scheint den Vorgängen im Unbewussten des Horoskopeigners eine bestimmte Färbung zu verleihen – ein Vertex in Krebs z.B. kann auf eine besondere oder sehr intensive Beziehung zur wirklichen oder inneren Mutter, zur Anima oder zur Frau in verschiedenster Hinsicht deuten; es kann ein Hinweis auf eine mehr oder weniger ausgeprägte oder überwundene Abhängigkeit von der Mutter sein.

Für den deutenden Astrologen ist dies ein guter Ausgangspunkt und deshalb sollte die Stellung im Tierkreis, so einfach und begrenzt sie auch sein mag, beachtet und aufmerksam untersucht werden.

Hierzu nun einige Leitlinien für den Vertex in den Tierkreiszeichen, verbunden mit Hinweisen auf Pathologien, Verhaltens- und Persönlichkeitsstörungen, die unter dieser Konstellation angetroffen wurden.

Vertex im Widder

Unter dieser Konstellation muss man lernen, die Grenzen des Lebens, der Natur, der Zeit zu akzeptieren und die Impulse des eigenen Ego zu beherrschen, Demut zu lernen. Manchmal begünstigt sie kindliche, naive, grausame Verhaltensweisen, ein unverschämtes und possenreißerisches, weinerliches und leichtgläubiges Benehmen, ebenso kann das Auftreten unsicher oder plötzlich wieder energisch sein, mit ausgeprägten Hochs und Tiefs. Es besteht ein starkes Geltungsbedürfnis, aber es gibt auch viele Hindernisse und Feinde.

Menschen mit dem Vertex im Widder stoßen auf Probleme, wenn es um die Befriedigung geht, die sie aus einer Zuneigung, einer Liebe oder Beziehung erfahren; viele von ihnen werden sicherlich Schwierigkeiten haben, ein solches Ziel zu erreichen, gewöhnlich, weil sie dazu neigen, es entweder mit Gewalt oder in Gedanken, aber auch durch Betrug, Täuschung und List erreichen zu wollen. Eine Trennung oder Scheidung, ein Beziehungsabbruch wird ihr Leben viel stärker prägen als bei anderen Leuten, und sie scheinen eine solche Erfahrung gleichsam machen zu *müssen*, um zu lernen, dass Zuneigung nicht dadurch Erwiderung erfährt, dass man dem anderen seine Gefühle aufzwingt oder einfach sagt »ich liebe dich«, sondern dass aus schmerzhaften Erfahrungen, die man erleben muss, auch ein besseres Begreifen der Bedürfnisse des anderen Menschen entsteht, gegenseitiges Verständnis und Respekt (Antivertex in Waage). Wenn die Geborenen lernen, nicht nach den ersten Enttäuschungen aufzugeben und verstehen, dass sie bestimmte Fehler nicht durch Gewalt oder Flucht bereinigen können, sondern nur indem sie sich bemühen, den anderen zu verstehen, dann haben sie auch in Hinblick auf ihre spirituelle Entwicklung einen großen Schritt getan.

Bei den krankhaften Ausprägungen ist ein sich Verschließen in einer irrealen, fantastischen Welt festzustellen, in der Träume und Wünsche immer verwirklicht werden können, mit allem, was dies für das wirkliche Leben bedeutet; man trifft auf Narzissmus, Neid, Ödipuskomplexe, Störungen im Stimmungs- und Gefühlsbereich.

Dieser Konstellation kann das *Borderline-Syndrom* als entsprechende Persönlichkeitsstörung zugeordnet werden Dabei handelt es sich um eine Störung, die eine starke Veränderung der Selbstwahrnehmung und der eigenen Identität bedeutet.

Gefühle und zwischenmenschliche Beziehungen sind sehr instabil (starkes Schwanken zwischen Überidealisierung und völliger Entwertung), es besteht ein chronisches Gefühl der inneren Leere, Zornausbrüche sind häufig, ebenso Drogenmissbrauch, gefährdendes Verhalten beim Autofahren, Drohungen und Selbstverstümmelungen, vorübergehende Dissoziationssymptome.

Vertex im Stier

Wer unter dieser Konstellation geboren ist, muss sich mehr als andere nach seiner eigenen Verantwortung im Lebensgeschehen fragen und begreifen, dass es vielleicht zu bestimmten kritischen Momenten kam, weil er seinen eigenen »Schatten« auf die anderen projiziert. Es ist wichtig für ihn, etwas Solides und Dauerhaftes zu schaffen – alles was ihm entgleitet oder was er nicht begreifen kann, macht ihm große Probleme. Er muss aber auch darauf achten, sich nicht zu sehr in seiner kontrollierbaren Welt einzuschließen, denn das Leben wird ihn immer wieder mit Unvorhersehbarem konfrontieren und Entscheidungen verlangen, für die man Mut und Entschlossenheit braucht.

Mit dem Vertex im Stier besteht das Problem in der sinnvollen Nutzung der eigenen kreativen Energie und inneren Kraft, die hier keinen Ausdruck findet. Es geht praktisch darum sich bewusst zu werden, dass man eine starke schöpferische Energie in sich trägt, die zum Ausdruck kommen *muss.* Dabei kann es natürlich vorkommen, dass die Horoskopeigner Mut fassen, sich dieser Energie öffnen, sie nach Außen gelangen lassen, und das Ergebnis ist dann gar nicht sehr erfreulich – manchmal fühlen sie sich auch an der Verwirklichung ihrer Wünsche gehindert. Sie wollen möglicherweise ihren Horizont erweitern und erfahren dabei, dass sie nur noch in engere Grenzen eingeschlossen werden, oder sie wollen endlich etwas aus ihrem Inneren preisgeben, was schon viel zu lange zurückgehalten wurde, wissen aber nicht wie – oder aber dieses Verlangen ist so stark, dass sie selbst sich am meisten davor fürchten, oder aber, und dies ist der häufigste Fall, es gelingt ihnen nach großer Anstrengung, dieser Energie zum Durchbruch zu verhelfen, und es passiert – gar nichts. Es gibt keine Reaktion, niemand bemerkt es, und dadurch entsteht ein Gefühl von Machtlosigkeit, wodurch die Person erst recht in eine Krise gerät – die Situation ist die einer unter Druck stehenden Gasflasche und die Gefahr liegt nicht in einer Ex- sondern einer Implosion, mit allen entsprechenden Schäden an Leib und Seele. Trotz alledem muss die vorhandene Energie aber unbedingt den Weg nach Außen finden, denn gerade ihr Zurückgehaltenwerden ist der Hauptgrund für die Probleme, mit denen diese Geborenen zu kämpfen haben.

Unter den pathologischen Ausprägungen ist eine Art sozialer Unangepasstheit zu bemerken, Angst vor negativen Urteilen, Minderwertigkeitsgefühl, aber auch Egozentrik, Narzissmus, Bedürfnis nach Zustimmung seitens der anderen.

Als entsprechende Persönlichkeitsstörung ist die *soziale Phobie* zu nennen – dabei handelt es sich um eine Störung, die sich in starken sozialen Problemen ausdrückt, die dazu führen, dass man in der Angst lebt, kritisiert, lächerlich gemacht, gedemütigt und abgewiesen zu werden. Entgegen aller Erwartung wünschen sich solche Personen aber sehr die Zuneigung und Akzeptanz anderer.

Vertex in den Zwillingen

Unter dieser Konstellation Geborene spüren, dass sie nicht stillhalten können – weder körperlich noch psychisch: Untätigkeit macht sie nervös und unerträglich, deshalb suchen sie ständig nach Anregung vor allem geistiger Art; sehr oft befinden sie sich in einer Situation, in der sie alte Verhaltensmuster und Auffassungen aufgeben und ihr Leben von vorn beginnen müssen. Sie sind sehr neugierig, besitzen eine deutliche Begabung für Forschung und wissenschaftliches Denken und können gute Lehrer und Wissensverbreiter sein. Sie besitzen die Fähigkeit, andere zum Nachdenken und manchmal auch zum Zweifeln anzuregen. Sie sind Kämpfer und Strategen und zu ihren besten Eigenschaften gehören Schlauheit, Intelligenz, Diplomatie und Logik. Sie vereinen gerne Dinge, Konzepte oder Personen, die anscheinend überhaupt nicht zu einander passen und stellen dadurch ihre große Erfindungskraft und ihren Scharfsinn unter Beweis, die im Tierkreis ihresgleichen suchen. Sie sind die göttlichen Boten, die Himmel und Erde, Diesseits und Jenseits vereinen. Sie sind das Licht für die Augen der anderen.

Diese Menschen müssten am Ende ihres Lebens sagen können, dass dieses nicht unnütz war und dass sie durch ihre Arbeit und ihren persönlichen Einsatz den anderen etwas Nützliches hinterlassen haben – eine Spur, einen Weg, auf dem die Nachwelt ihren eigenen Weg weitergehen kann. Manchmal leben sie gewissermaßen zwei Leben: das eine bis etwa zum Alter von 42 – 44 Jahren, das andere danach, und häufig sind diese Leben einander entgegengesetzt und das »zweite Leben« wird als Wiedergeburt empfunden, während das erste nicht als positiv erfahren wurde. Sie haben vielleicht schlecht gehandelt oder sind in unangenehme Situationen geraten, eventuell auch in Konflikt mit der Justiz. Sie werden aber immer mit einem Problem aus dem ersten Leben zu kämpfen haben – dem eines begangenen oder erlittenen Verrats. Im zweiten Leben kommt es dann zur Erlösung, die Menschen öffnen und läutern sich, gehen auf im Einsatz für andere, wenn sie auch manchmal nicht so recht unterscheiden können, wer wirklich der Hilfe bedarf oder nicht. Sie bemühen sich, allen nützlich zu sein, begehen dabei aber auch manche Ungeschicklichkeit, indem sie z.B. zwei Personen gleichzeitig unterstützen, ohne zu merken, dass diese zueinander in Konkurrenz stehen.

Im pathologischen Bereich kann man ein kaltes, distanziertes und verschlossenes Verhalten beobachten, auch Größenwahn, Kleptomanie, Verfolgungswahn, Phobien.

Entsprechende Persönlichkeitsstörung ist der *schizoide Charakter* – typische Merkmale sind dabei das mangelnde Interesse an sozialen Kontakten bzw. absolute Zurückgezogenheit; alles, was Kontakt, Wärme, Zuneigung bedeutet, wird systematisch abgewehrt. Die Menschen sind unschlüssig, abwesend, in sich selbst versunken.

Vertex im Krebs

Diese Position steht für eine Vergangenheit, von der man sich zu befreien versucht. Sie war wenig befriedigend, nicht nur in emotionaler, sondern auch und vor allem in konkreter, materieller und praktischer Hinsicht. Der Horoskopeigner hat diese Seite des Lebens als Mangel oder Unsicherheitsfaktor erlebt. Die Herkunftsfamilie, die leibliche Mutter, das Bild der inneren Mutter oder der Frau im allgemeinen sowie die eigenen Gefühle stellen überaus wichtige Elemente dar, mit denen man sich konfrontieren muss, um noch ungelöste Probleme zu bewältigen. Es ist ein Verlangen danach zu spüren, sich und den anderen zu zeigen, dass man »es geschafft« hat, dass die eigenen reichlich vorhandenen Ressourcen nur die richtigen Ausdrucksmöglichkeiten finden mussten. Diese Position ist allem förderlich, was mit der Seele zu tun hat, von der Psychologie bis zur Poesie, wo Leidenschaft und persönliche Dramen unverzichtbare Elemente sind – ein Lebenselixier, um sich und die anderen zu verstehen.

Menschen mit einer solchen Konstellation haben Probleme mit gefühlsmäßiger Abhängigkeit. Viele von ihnen müssen um die Zuneigung eines anderen kämpfen und häufig verstehen sie nicht, dass man Liebe nicht um jeden Preis einfordern oder eine bestehende Situation nicht auf ewig unverändert erhalten kann. Wenn sie sich dieser Erkenntnis verschließen und eine Beziehung unbedingt erhalten wollen, in der es nichts mehr zu sagen gibt und in der nichts mehr zu geben ist, bringen sie sich in Schwierigkeiten. Ihr größtes Problem ist ihre Unfähigkeit, in einer aussichtslosen Situation aufgeben zu können. Sie müssen es lernen, zu verzichten, das Schicksal anzunehmen, der Realität ins Auge zu sehen und den Dingen ihren Lauf zu lassen, ohne sie zum eigenen Vorteil gewaltsam ändern zu wollen, nur um damit ein Bedürfnis nach Zuneigung zu stillen, das eigentlich aus reinem Egoismus gespeist wird. Für diese Menschen ist es wichtig, vorbehaltlose Selbsteinsicht zu üben, sich selbst zu entblößen und hinzugeben.

Der Vertex im Zeichen des Mondes ist eine der schwierigsten Konstellationen, wenn es um den Begriff von Verzicht geht. Wir haben es hier sowohl mit Menschen zu tun, die weder aufgeben können noch wollen und weiterhin nach Zuwendung lechzen und sie überall suchen, als auch mit solchen, die es gelernt haben zu verzichten. Dabei handelt es sich nicht um eine passive Hingabe an das Schicksal, ein kampfloses Aufgeben, sondern um das Begreifen, dass es sich nicht nur um den bloßen Verzicht handelt (dabei würde das, worauf man verzichtet, weiter existieren), sondern darum, ein Ende zu akzeptieren. Sich für besiegt zu erklären und bereit zu sein für den Abstieg in den Hades, sich an jedem Abschnitt eines Kleidungsstücks zu entledigen um schließlich nackt vor dem Tor zur Unterwelt zu stehen – dies ist eine der größten Aufgaben, die Menschen mit dem Vertex im Krebs gestellt ist.

Als pathologische Ausprägung kennt man Überempfindlichkeit, Egozentrik und Hysterie. Es wurden auch Probleme mit der leiblichen Mutter oder mit dem inneren Mutterbild beobachtet, mit der Familie, mit den Frauen im allgemeinen oder mit den eigenen Gefühlen, Realitätsverzerrungen, erotische Wahnvorstellungen, Bekennertum in unterschiedlichsten Bereichen.

Dieser Konstellation ist die *histrionische Persönlichkeitsstörung* zuzuordnen. Dabei handelt es sich um übertriebene, exzessive und schwankende Gefühlsbetontheit und ein starkes Bedürfnis nach Zustimmung und Akzeptanz durch die Anderen. Das Verhalten ist durch die äußeren Umstände leicht zu beeinflussen; dramatische Selbstdarstellung, theatralisches, verführerisches und provozierendes Verhalten gehören zu diesem Bild, ebenso die Tendenz, die eigenen Bedürfnisse immer sofort befriedigen zu wollen.

Vertex im Löwen

Horoskopeigner mit dieser Konstellation scheinen auf besondere Weise in Kontakt mit dem Unbewussten zu stehen, mit jenen geheimnisvollen Kräften, die über unser Innenleben herrschen. Nicht alle von ihnen sind sich dessen bewusst, denn diese Begabung äußert sich oft nur durch gelegentliche Eingebungen in besonderen Situationen, nach einem Traum oder nach einer erlittenen Verletzung, auf jeden Fall aber begünstigt die Konstellation ein starkes Interesse für das Okkulte – die Menschen sind von esoterischen und geheimnisvollen Themen fasziniert, manche befassen sich ganz konkret damit, bei anderen findet die Esoterik nur gelegentlich Zugang zu ihrem täglichen Leben oder sie geraten durch ihre Träume damit in Berührung.

Menschen mit dem Vertex im Löwen können – ähnlich wie im Schützen – Einschränkungen schlecht ertragen, sind ungeduldig, müssen immer irgendetwas verteidigen, oder sich mit etwas konfrontieren. Eines ihrer häufigsten Probleme besteht darin, dass sie sich in das Leben anderer drängen wollen, um es zu verändern, sie kritisieren deren Handlungsweise und legen gerne den Finger auf die Wunde. Dabei beteuern sie natürlich ihre gute Absicht, sind überzeugt davon, richtig zu handeln und zu wissen, was gut für den anderen ist. Ihr Urteil ist erbarmungslos, auch wenn sie absolut richtige Dinge sagen. Sie können aggressiv, egoistisch und unangenehm wirken, auch wenn es sich meist um zwar strenge aber im Grunde gutmütige Charaktere handelt.

Als pathologische Varianten gelten Depressionen, Manien, Flatterhaftigkeit, Unreife und ständige Beschäftigung mit dem Tod.

Hier treffen wir auf die *narzistische Persönlichkeitsstörung* – das eigene Verhalten ist stark übertrieben, der Narzist hat Sinn für das Großartige und Bühnenwirksame, meint, dass ihm alles zusteht, beneidet andere (oder glaubt, dass andere ihn beneiden) und nützt sie zum eigenen Vorteil aus. Die Selbstüberschätzung wird oft von Episoden der Selbstabwertung gefolgt, die Person ist unfähig Kritik zu ertragen und sich mit den Gefühlen und Bedürfnissen anderer zu identifizieren.

Vertex in der Jungfrau

Unter einer solchen Konstellation haben die Menschen die Aufgabe, Teile der alten Ordnung zu zerstören und durch neue Elemente zu ersetzen, die den Bedürfnissen eines freieren Lebens besser entsprechen. Dieser Kampf kann sich um eine Idee, ein Konzept, eine Philosophie, einen Glauben abspielen, ist aber meist auf das eigene Selbst gerichtet, indem man versucht, sich von falschen Bildern und Einstellungen zu befreien, die das Ergebnis einer Erziehung sind, die sich nur auf Äußerlichkeiten stützt. Man ist nicht so, wie die anderen wollen, dass man sein sollte – um keinen Verrat an sich selbst zu begehen, muss man versuchen, sich so schnell wie möglich davon zu befreien, auch wenn man die anderen, ihr Bemühen und ihre Vorstellungen durchaus achten kann.

Menschen mit dieser Konstellation müssen lernen, auf bestimmte Einstellungen oder Lebensweisen zu verzichten, die zwar nützlich scheinen, aber sich letzten Endes als nichtig und hohl erweisen. Ein oder auch mehrere Male im Leben werden sie sich in der Lage befinden, sich für das Wohl anderer zu opfern – dabei kann es sich um ein reales Opfer handeln, also einen konkreten Verzicht auf etwas Materielles, das man anderen schenkt, oder auch um eine innere Haltung, die sie zum Glauben an etwas Großes, Geheimnisvolles führen soll, also zu glauben, ohne zu sehen, sich an etwas zu erfreuen ohne es zu besitzen.

Diese Position steht in symbolischer Verbindung zum Mythos des Prometheus, des Titanen, der den Göttern das Feuer raubte, um es den Menschen zu schenken und dabei genau wusste, welche Risiken er auf sich nahm, aber überzeugt war von seinem Handeln, und sich somit auch für das Wohl anderer opferte. Dem Mythos zufolge bestrafte ihn Zeus, indem er ihn an einen Felsen binden ließ, wo er täglich von einem Adler heimgesucht wurde, der seine Leber fraß. Nachts wuchs diese wieder nach und die Tortur konnte von Neuem beginnen.

Unter den krankhaften Ausprägungen finden wir Verfolgungswahn, Naivität, Autismus.

Hierher gehört die *zwanghafte Persönlichkeitsstörung*: Sie ist gekennzeichnet durch perfektionistisches Verhalten, ständige Sorge um Ordnung und Sauberkeit, Beachten von Formen, Vorschriften, Einzelheiten; übertriebene Hingabe an die Arbeit zu Lasten von Freizeit und sozialen Kontakten; Unfähigkeit, Altes und nicht mehr Benötigtes wegzuwerfen, Geiz, innere Starre, Moralismus.

Vertex in der Waage

Wer unter dieser Konstellation geboren ist, muss sich von selbst konstruierten Abwehrmechanismen befreien, um vertrauensvoll auf seine Umwelt zuzugehen. Außerdem muss er die goldene Mitte zwischen »Kontrolle« und »Nachlässigkeit« in den zwischenmenschlichen Beziehungen finden. Er neigt zur Übertreibung in die eine oder andere Richtung, will entweder alle und alles unter Kontrolle haben oder zieht sich aus den Kontakten in seine eigene Welt zurück, die er sehr gut kontrollieren kann. In kaum einer anderen Konstellation sind so viel Flexibilität und Kooperationsfähigkeit gefragt, sind Verstand und Unterscheidungsfähigkeit in Gefühlsbeziehungen vonnöten, denn im Bereich der Gefühle haben die Horoskopeigner am meisten zu kämpfen.

Ein weiteres Problem dieser Menschen tut sich auf, wenn sie sich entscheiden müssen, etwas Bekanntes, Sicheres, Überschaubares aufzugeben und sich auf etwas Neues einzulassen. Wenn man in Untätigkeit verharrt, keine Entscheidung trifft und sich blockieren lässt, so kommt dies einer Ohrfeige gleich, die man den Möglichkeiten des Lebens erteilt. Man macht sich die Lebensenergien zum Feind, und das eigene Leben gerät dadurch aus dem Gleichgewicht, wird unbefriedigend und unglücklich.

Da diese Konstellation der Kreativität und dem künstlerischen Ausdruck förderlich ist, muss man darauf achten, ob es dem Horoskopeigner gelungen ist, diese Möglichkeiten zu leben oder ob er sie blockiert hat, denn davon hängt seine Einstellung zu den Problemen des Lebens und seiner Bewältigung ab.

Krankhafte Varianten stellen wir fest in Form von Gefühlsabhängigkeit, fixen Ideen, der Unfähigkeit, sich von der Kindheit zu lösen, Flucht vor dem Denken und Handeln.

Zu dieser Konstellation gehört die *dependente Persönlichkeitsstörung*: Sie ist gekennzeichnet durch Unterordnung und Abhängigkeit. Die Menschen sind ohne Ratschläge und Versicherungen von anderer Seite unfähig zu jeglicher Entscheidung, es fehlt ihnen also völlig das Vertrauen in das eigene Urteil und die eigenen Fähigkeiten. Sie fühlen sich nicht imstande, für sich selbst zu sorgen, haben Angst, verlassen zu werden, und wenn eine enge Beziehung zu Ende geht, flüchten sie sofort in eine neue, weil sie Pflege und Unterstützung brauchen.

Vertex im Skorpion

Die Geborenen dieser Konstellation wissen, dass sie um Anerkennung kämpfen müssen, wissen aber auch, dass sie dafür auf eine Art »Aggressionsinstinkt« zurückgreifen können, den sie mehr oder minder verborgen in ihrem Inneren hegen. Die Stärke dieser Position liegt in einem eisernen Willen und einer Energie, die im Tierkreis ihresgleichen sucht. Diese Menschen müssen Schwierigkeiten überwinden, sie sind meistens allein oder müssen allein den Weg ihrer Wahl gehen. Sie fühlen das Gewicht der ganzen Welt auf ihren Schultern, manchmal laden sie es sich auch selbst auf – dies bedeutet aber auch, dass sie zu viel tun wollen, mehr als sie imstande sind. Überraschenderweise besitzen sie aber ein gutes Maß an Hartnäckigkeit und Realitätssinn und scheuen sich nicht, Arbeiten zu übernehmen, die andere als niedrig empfinden, denn für sie hat alles seinen Sinn und seine Bedeutung.

Meist kommen die Horoskopeigner eines Tages an einen Punkt in ihrem Leben, an dem sie sich mit der Angst auseinandersetzen müssen – dies ist die Last, die sie zu tragen haben: Angst davor, es nicht zu schaffen, verraten zu werden, arm oder krank zu werden, allein zu bleiben. Jeder kennt die Quelle der eigenen Beklemmungen und Ängste, die Drohung, unter der er lebt, und kann auch nur diese anerkennen – die der anderen erscheinen ihm lächerlich, unecht oder weniger bedeutsam. An ihrer Seele zehrt – oft ohne dass sie sich dessen bewusst sind – ein Schuldgefühl, das sie seit langer, zu langer Zeit begleitet. Dies empfinden natürlich nicht alle in gleichem Maße und manche auch überhaupt nicht. Wenn wir uns aber in ihr Inneres vertiefen, so werden wir dieses Schuldgefühl dennoch finden – meist als Folge von negativen Handlungen oder Gedanken, die Eltern, Geschwister, Freunde usw. betreffen. In manchen Fällen rührt die Angst aber auch nur aus der eigenen Unsicherheit oder krankhaften, um den Tod kreisenden Phantasien her oder aber aus Verfolgungsängsten. Diese Menschen müssen darauf achten, dass diese Ängste keine negativen Energien oder Gedanken auslösen, weil sie sonst genau in die Situationen geraten könnten, die sie so fürchten.

Zu den pathologischen Formen gehören extreme Gefühlszustände, erlittene oder begangene psychologische Kastration, Aggressivität, Boshaftigkeit und Rachsucht.

Die zugeordnete Persönlichkeitsstörung liegt in der *dissozialen Persönlichkeitsstörung*. Solche Personen verhalten sich unverantwortlich, ignorieren oder übertreten die Rechte anderer, sind unfähig, sich sozialen Nomen anzupassen und einen rechtlichen Rahmen zu respektieren, können also das Eigentum oder die körperliche Unversehrtheit anderer verletzen. Es fehlt ihnen an Gewissen und sie begehen Missbrauch unterschiedlichster Art.

Vertex im Schützen

Wer unter dieser Konstellation geboren ist, verkörpert in besonderem Maße die Symbolgestalt seines Zeichens, Chiron. Wie dieser hat er eine Verletzung oder fühlt sich stets verletzlich und kann unterschiedlich darauf reagieren. Ist er in seiner Entwicklung bereits gereift, wird er versuchen, die Gründe für diese Verletzung zu verstehen und sich bemühen, andere davor zu bewahren oder ihnen Linderung zu verschaffen (Psychologe, Psychotherapeut, Lehrer). Andernfalls wird er sich ständig verfolgt fühlen, als wollten ihm alle nur Böses, und sich aggressiv und polemisch verhalten, oder aber er zieht sich in eine Art »Ashram« zurück, in dem er sich selbst zum einzigen »Guru« ernennt.

Die Kraft des Glaubens, große Phantasie und hervorragende Kreativität sind die Stärken dieser Konstellation, aber eines der größten Probleme liegt im sinnvollen Einsatz eben dieser Kräfte. Manche Menschen missbrauchen das Vertrauen und den Glauben anderer, manche wieder kämpfen für einen Glauben, ein Ideal.

Bedeutsam im pathologischen Bereich sind fixe Ideen, Verfolgungsgedanken, »vernünftige« Psychosen, Hypochondrie, Selbstmordtendenzen.

Als Krankheitsbild ist hier *schizotypische Persönlichkeiststörung* zu nennen. Zwischenmenschliche und soziale Beziehungen sind spärlich, Gedanken und Wahrnehmungen verzerrt, das Verhalten ist oft exzentrisch. Paranoide Ideen und Verdächtigungen, übertriebene soziale Ängste, seltsamer Aberglauben beeinflussen das Verhalten.

Vertex im Steinbock

Wer unter dieser Position geboren ist, hat seinen wunden Punkt in den Familienbeziehungen, im Verhältnis zum Vater oder inneren Vaterbild, zum Ehemann oder Mann im Allgemeinen oder zur Autorität – er muss sich dabei aber auch fragen, wie viel sein eigenes blindes oder unehrliches Verhalten, seine Angst vor der Niederlage dazu beigetragen haben, eine bedrückende Situation zu schaffen. Die Geborenen haben Schwierigkeiten mit engen Beziehungen wie z.B. einer Ehe – obwohl sie diese suchen – und dies umso mehr, wenn sie den Begriff der Autorität (innerer wie äußerer Art) nicht gut integriert haben. Man könnte sagen, sie sollten in erster Linie ehrlich zu sich selbst sein, ihre eigene Verantwortung erkennen und vor allem verstehen, was sie selbst wollen.

Das Problem dieser Konstellation besteht in der Reife, der Geduld, dem Verständnis, dass alles seine Zeit braucht. Sie tritt häufig in Verbindung mit Ungeduld, mangelndem Realitätssinn oder auch Zeitverschwendung auf. Außerdem sehen sich diese Horoskopeigner häufig mit familiären Problemen konfrontiert – einfache Ablösungsprozesse werden als Tragödien erlebt, es gibt seltsame, krankhafte oder völlig ausschließliche Beziehungen zu einem Elternteil, bis zu Machtkämpfen innerhalb der engsten Familie, die einen Dritten als Friedensrichter brauchen.

Im krankhaften Bereich findet man Selbstentwertung, Schuldgefühle, innere Unruhe, psychomotorische Verlangsamung, aber auch Anfälle von Aggressivität und Ressentiments.

Die Untersuchung der möglichen Persönlichkeitsstörungen ergibt kein eindeutiges Bild – es treten sowohl *paranoide* Formen auf (meist im Wassermann vertreten), aber auch *depressive* Persönlichkeiten – wie der Name sagt, handelt es sich dabei um Perioden von depressiven Verstimmungen mit Verlust des Interesses an den gewohnten Tätigkeiten, sowie Konzentrationsstörungen. Kann auch mit anderen psychotischen Störungen auftreten, z.B. der Schizophrenie.

Vertex im Wassermann

Menschen mit dieser Konstellation tragen in sich die Unschuld, den Witz und vor allem die Neugier der Kinder, auch wenn sie manchmal nur deren weniger sympathische Seite annehmen und ätzend und »böse« sind, wie nur Kinder es können. Sie sind sehr kreativ, haben originelle Ideen, großartige Einfälle, die nicht nur ihrem eigenen Tun Glanz verleihen, sondern auch dem anderer. Sie benötigen Ausdrucksfreiheit, lassen sich auf den Flügeln ihrer Gedanken und ihrer Phantasie davontragen, sind manchmal verschwenderisch, manchmal nervös, zuweilen entgegenkommend.

Das grundlegende Problem der Konstellation betrifft die eigenen Instinkte, den infantileren Teil in uns, den man auch primitiv nennen kann, da er mit den körperlichen Instinkten und sexuellen Phantasien in Verbindung steht. Sie birgt Überraschungen, denn angesichts der Wassermann-Symbolik würde man keine sexuellen Implikationen erwarten, und diese sind auch nicht die Hauptsache. Vielleicht liegt die Erklärung darin, dass dieses Zeichen von Uranus beherrscht wird, welcher der Mythologie zufolge vom Sohn Saturns entmannt wurde. Wir müssen darauf hinweisen, weil nahezu alle Horoskopeigner mit dieser Vertexposition Merkmale aufweisen, die man von jemand erwarten würde, der einen ödipalen Konflikt erlebt hat oder der in seinen sexuellen Äußerungen und Bedürfnissen blockiert oder beeinflusst worden ist. Außerdem haben manche von ihnen sich in ihrer Arbeit sexuellen Themen zugewandt (Paarpsychologen, Familienhelfer), andere wieder haben sich mit den Mitteln der Musik, der Malerei oder Literatur zu Befürwortern einer freien und/oder auch provokanten Sexualität gemacht.

Sie lassen sich meist schwer einordnen, sind ausgezeichnete Schauspieler, denen es Vergnügen macht, innerhalb des Stückes die Rollen zu wechseln.

In krankhaften Ausprägungen kann es zu aufdringlichem Verhalten kommen, zu Misstrauen, Verdächtigungen, Angstzuständen, Sadismus, Paranoia, einem Hang zur üblen Nachrede, unbegründeten Verleumdung und Anschuldigungen.

Die zuzuordnende Störung ist die *paranoide Persönlichkeitsstörung*: der Paranoide interpretiert die Handlungen und Worte anderer als absichtlich bedrohlich für sich selbst, als ob andere ihn schädigen oder ausbeuten wollten; Eifersucht, Wut und Groll gehören zum Erscheinungsbild.

Vertex in den Fischen

Diese Konstellation besitzt starke kreative Impulse und Enthusiasmus – die Geborenen werden zu Fürsprechern der Unterdrückten und haben einen ausgeprägten Sinn für Gemeinschaft und Gerechtigkeit. Entsprechend der Symbolik des Tierkreiszeichens ist die Bereitschaft zum Opfer und zur Selbstaufopferung aus Liebe, Glauben und dem Bedürfnis, dem eigenen Leben einen Sinn geben zu wollen, nicht selten.

Dabei finden wir hier so unterschiedliche und gegensätzliche Menschentypen wie in kaum einer anderen Konstellation (außer vielleicht beim Skorpion): den konstruktiven, rationalen, energischen Führer-Typ und den schwer einzuordnenden, irrationalen Charakter, dessen Destruktivität bis zur Selbstzerstörung gehen kann. Aus der Tierkreiszeichenposition allein ist es schwierig, zu erkennen, wen man vor sich hat – hier muss man sämtliche Konstellationen des Horoskops zu Rate ziehen, mit besonderem Augenmerk auf die Vertex-Aspekte und seinen herrschenden Planeten.

Eine Schwierigkeit für die Geborenen liegt darin, den Dingen ihren Lauf zu lassen; meist haben sie Mühe, den Begriff des Verlustes zu verstehen und versuchen, ihre Mitmenschen zu beherrschen oder zumindest ihr Führer zu sein. Häufig erleben sie Traumen, die ihnen trotz des damit verbundenen Schmerzes eine Hilfe sind, indem sie sie zu größerer Harmonie führen und die innere Wandlung einleiten, die sie für die Herausforderungen des Lebens stärken wird.

Im krankhaften Bereich sind Wankelmut, Unsicherheit, Verwirrtheit und autoaggressive Verhaltensweisen zu beobachten.

Hierher gehört das Bild der *passiv-aggressiven Persönlichkeitsstörung*. Die Aggressivität des Individuums zeigt sich hier im passiven Widerstand und in einer Form von Protest oder Druck, die vom Trödeln bis zur Vergesslichkeit reicht. Was immer man von solchen Menschen will, vielleicht bezüglich einer Aufgabe, die sie erledigen sollen, alles wird als unvernünftig abgetan und mit nicht enden wollender Kritik und Polemik bedacht.

Der Vertex und die Planeten

Die Aspekte der Planeten zum Vertex und zwar vor allem die Konjunktionen sind sehr wichtig. Der Orbis soll 5° nicht überschreiten; die Ungenauigkeiten bei den Angaben der Geburtszeit würden zwar einen größeren Orbis nahe legen, doch ist es besser, sich an einen engen Orbis zu halten und gegebenenfalls die Geburtszeit zu berichtigen. Bei einer größeren Reichweite erweitern wir die Aspektmöglichkeiten, laufen aber Gefahr, das Ergebnis zu verfälschen.

Der mit dem Vertex verbundene Planet (oder, wenn keine Aspekte vorhanden sind, der Herrscher des Vertex) spielt bei der Deutung dieses Punktes eine genau definierte Rolle.

Es wurde auch erwähnt, dass der Vertex für eine Deutung in Konjunktion zu einem Planeten stehen oder zumindest aspektiert sein muss. Einige Astrologen gehen noch weiter und behaupten, eine Person, der im Leben kein Erfolg beschieden ist, habe keinen Planeten in der Nähe oder in Aspekt zum Vertex! Daraus könnte man folgern, ein unaspektierter Vertex hätte überhaupt keine Bedeutung in der Horoskopinterpretation – so ist es natürlich nicht, auch wenn ein Planetenaspekt seine Bedeutung sicherlich erhöht.

In meiner eigenen Arbeit konnte ich feststellen, dass ein Planet mit einem Winkel zum Vertex im Geburtshoroskop (jeglicher Planet, in jeglichem Aspekt) manchmal gewissermaßen zum »Vertreter des Schicksals« wird. Darunter ist ein Symbol zu verstehen, eine sehr aufnahmefähige Energie, die uns zu bestimmten Handlungen in Zusammenhang mit unserer Entwicklung drängt; außerdem bezieht sich der Vertex durch seine Position im westlichen Bereich des Horoskops auch auf die Wettbewerbs- und Verbesserungsfähigkeit unserer etwaigen Projekte für die Zukunft und wird so zur Hilfe und zum Stimulus im Kampf um die Selbstbehauptung.

Wir können den Planeten in Aspekt zum Vertex auch als archetypisches Modell sehen, mit dem wir in unserer Entwicklung immer konfrontiert werden; die Eigenschaften dieses Planeten werden zum Mittelpunkt, um den sich unsere Existenz bewegt. Mit ihnen müssen wir uns auseinandersetzen und durch sie können wir uns weiterentwickeln.

Doch dies ist nicht alles – dieser Planet steht auch für unsere »verborgene Identität«, er zeigt uns, welche Energie unsere inneren Strukturen durchfließt, durch welches Symbol unser Karma wirkt, unser Schicksal und unseren Archetyp. Er lässt uns begreifen, dass wir alle im Grunde einer »archetypischen Spur« folgen – für den einen kann dies der Mond sein und alles, wofür er steht, für den anderen ist es Merkur mit seinem ganzen Spektrum, für einen dritten kann es Pluto sein usw.

Und genau deshalb symbolisiert dieser Planet auch und vor allem unser individuelles »Problem«, zeigt uns, wie und wo wir am besten handeln können, sei es, um den Einfluss von Karma zu schwächen, sei es – und dies ist der häufigere Fall – um uns der existenziellen Probleme bewusst zu werden.

Indem wir den Hinweisen des Planeten in Aspekt zum Vertex folgen, folgen wir auch unserem Schicksal, nehmen es an und erkennen so den Weg und die Weise, in der wir uns in unserer Umwelt bewegen sollen.

Wenn wir den Vertex positiv und entwicklungsgerichtet verstehen, können wir ihn als ein Element sehen, das mit einer willentlich nicht zu beeinflussenden und transzendenten Energie in Verbindung steht, die Teile unseres Karma aktiviert, um uns eine Anpassung an künftige Anforderungen zu ermöglichen.

Konjunktionen zählen wie erwähnt zu den stärksten Aspekten – aber natürlich sind alle Aspekte wichtig und wir können keine Rangordnung erstellen, höchstens die Unterschiede zwischen harmonischen und Spannungsaspekten betrachten.

Harmonische Aspekte: Sie stellen Verhaltensmodelle zur »Rettung« dar, einen Weg des Lichts und der Hoffnung inmitten der Schwierigkeiten. Wir können uns also retten oder gerettet werden durch die Eigenschaften oder die Menschen, die mit dem Planeten verbunden sind. Gleichzeitig stellt dieser Planet entweder unser »Problem« dar oder das Mittel, mit dem wir unsere Frustrationen ausgleichen wollen. Das das Haus dieses Planeten wird sowohl zum nützlichen Ruheraum, in dem wir zu Atem kommen oder uns vor dem Unbill des Lebens schützen, als auch zum einzigen Bereich, in dem wir wieder Selbstvertrauen schöpfen können. Bei seelischem Unbehagen wird dieses Haus zur Zufluchtstätte, eine mehr oder weniger reale Welt, in die sich der Mensch hineinversetzt, um sein Heil zu suchen und sich vor drohenden Gefahren in Sicherheit zu bringen

Spannungsaspekte: Sie stellen Verhaltensmodelle der »Herausforderung« dar, die sich gegen die anderen, die Welt, richten, gleichzeitig verkörpern sie die Herausforderungen der Welt uns gegenüber. Der Planet im Quadrat oder in Opposition zum Vertex stellt das »Wesen« unseres mehr oder weniger verdrängten »Instinkts« dar, das Dunkle und Primitive in uns, dessen Bedeutung und Sprache wir noch nicht ganz verstanden haben und dem wir zu unterliegen drohen. Das Haus in dem der Planet platziert ist, steht somit für Orte, Dinge oder Personen, mit denen wir in Konflikt geraten, also unsere »Spannungszone«.

Sollte in einem Horoskop der Vertex nicht aspektiert sein, so können wir unsere Aufmerksamkeit auf den Herrscher und seine Beziehungen zu den anderen Elementen des Tierkreiszeichens richten. Die Aspekte zwischen dem herrschenden Planeten und dem Antivertex sind noch nicht genau beschrieben. Wir geben aber dem Herrscher des Vertex mehr Gewicht, genauso wie im traditionellen Horoskop dem Herrscher des Aszendenten mehr Einfluss zugeschrieben wird als dem des Deszendenten.

Im Kapitel über die Zeichen des Tierkreises haben wir das Beispiel eines Vertex im Krebs erwähnt und diese Position als Hinweis auf eine sehr intensive oder besondere Beziehung zur wirklichen oder inneren Mutter, zur Anima oder zur Frau im Allgemeinen bezeichnet. Wir haben auch von einer Mutter-Abhängigkeit gesprochen, die je nach den Mondaspekten mehr oder weniger überwunden sein kann. Ein Vertex in Aspekt zum Mond, egal in welchem Tierkreiszeichen er steht, kann uns die gleichen Hinweise liefern und vielleicht noch zusätzliche Informationen über die Beziehungen des Horoskopeigners zur eigenen Anima, zu seinen Trieben oder seinen emotionalen Bedürfnissen. Weiterhin wurde erwähnt, dass der Planet in Aspekt zum Vertex auch das »Problem« oder den Archetyp darstellt, mit denen sich der Geborene immer wieder auseinandersetzen muss.

Als Beispiele sollen uns die Vertex-Aspekte in den Horoskopen einiger herausragender Vertreter der Psychologie dienen, vielleicht wird dadurch auch ihre spezielle Orientierung in dieser Wissenschaft besser verständlich.

Sigmund Freud, der Vater der Psychoanalyse, hat den Vertex bei 14°14' in den Zwillingen, in engster Konjunktion zum Mond, also dem Gestirn, das von Natur aus der Anima, der Psyche, dem Traum, der Kindheit und dem Weiblichen entspricht und zu dessen psychopathologischen Elementen der Mutterkomplex, der Ödipuskomplex und die Hysterie zählen – genau die Dinge, die das Werk und die Arbeit Freuds verkörpern. Wir können also sagen, dass der Mond und alles worauf er sich bezieht, den Archetyp oder eben das »Problem« darstellt, mit dem Freud sich auseinandersetzen und kämpfen musste. Außerdem stellen wir ein Quadrat zwischen Vertex und Neptun fest (bei einer Abweichung von wenig mehr als 5°), also dem Planeten, der mit Somnambulismus und Hypnose in Verbindung gebracht wird. Das Quadrat lässt an die Herausforderung denken, die Freud für seine Epoche, für die Institutionen und Regeln darstellte, die bis dahin die Welt der Medizin und der Geisteskrankheiten bestimmt hatten (und der erste Akt dieser

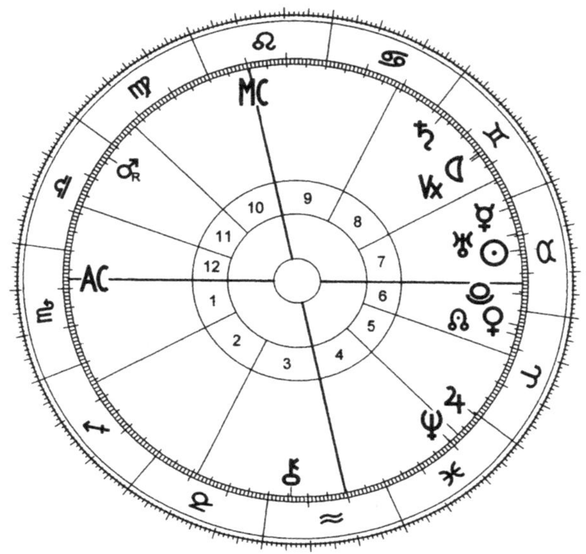

Abb. 13: Sigmund Freud

Herausforderung bestand in der »Traumdeutung«, die während eines Neptuntransits über dem Vertex geschrieben wurde.)

Alfred Adler, der österreichische Psychoanalytiker und Begründer der Gesellschaft für Individualpsychologie weist einen Vertex von 12°27' im Schützen auf, in exaktem Quadrat zur Venus, also dem Gestirn der Gefühlswelt, der Beziehungen, dem Bedürfnis, sich begehrt zu fühlen, aber auch des Körpers oder besser der sinnlichen Stimulierung, die uns mit unserem Körper und unserer Umgebung in Kontakt bringt. Adler hat besonders auf organische oder körperliche Schwachstellen als Grundlage für viele Neurosen hingewiesen; nicht zufällig litt Adler selbst als Kind an Rachitis und einem schwächlichen Körper, weshalb er oft lange Zeit unbeweglich und bandagiert in der Sonne liegen musste, während andere Kinder in seiner Nähe spielten und tobten!

Das Quadrat steht für die Herausforderung der Welt an ihn,

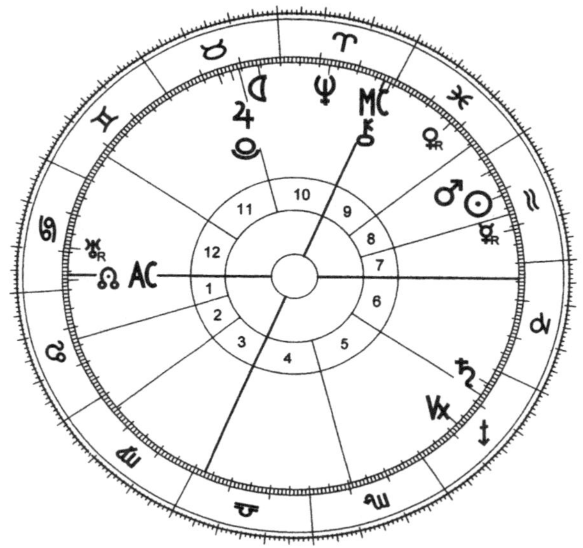

Abb. 14: Alfred Adler

die er annimmt und aus der er siegreich hervorgeht. Wir können also sagen, dass Venus und alles was sie betrifft (wie z.B. das Bedürfnis nach Anerkennung) Adlers »Problem« war, mit dem er konfrontiert war und kämpfen musste.

Bei dem Schweizer Psychiater und Begründer der analytischen Psychologie *Carl Gustav Jung* finden wir einen Vertex von 4°24' in der Jungfrau, im Trigon zu Neptun – also dem Planeten des Transzendentalen, des Glaubens und des kollektiven Unbewussten. Wir können also sagen, dass Neptun und alles was mit ihm in Verbindung steht, wie Glaube, Mythologie, Alchimie, Traum, gemeinsame Geschichte, den Archetyp bzw. das »Problem« Jungs darstellt, mit dem er sich schon von Kindheit an auseinandersetzen musste: Jung wuchs in einer religiösen Familie auf (sein Vater war Pastor), fühlte aber bald *»das Bedürfnis, durch Erfahrung zu lernen, und frühzeitig lässt ihn sein Verlangen nach einem eigenen unabhängigen Urteil die*

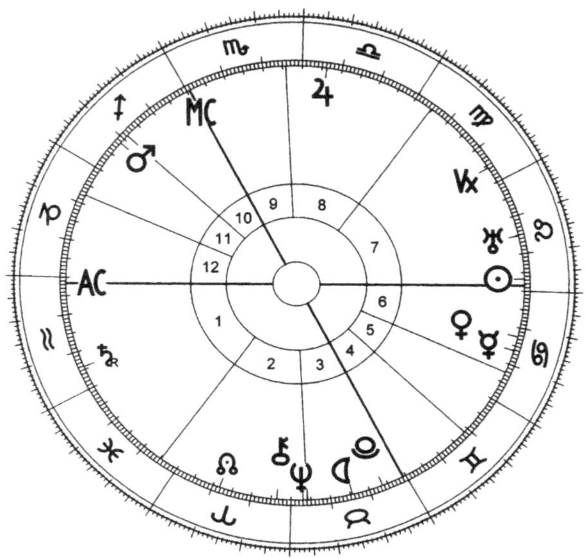

Abb. 15: Carl Gustav Jung

dogmatischen Inhalte der väterlichen Religion in Frage stellen…dieser Konflikt führt bereits in den Jugendjahren zu intensiven inneren Erlebnissen, die der Autor als Enthüllung eines »Göttlichen« beschreibt, das sich jenseits von Bibel und Kirche befindet und eine Abkehr von der Tradition erzwingt.[19]

Hier ist noch zu beachten, dass sich Neptun über der Spitze des 3. Hauses, (das Geistige, das Studium) befindet. Da es sich um ein Trigon handelt, wird dieses Haus zum Ruheraum, in dem der Horoskopeigner die Energie findet, um weiterzumachen und wo er frei sein kann von den eigenen Ängsten und Problemen. Dies bedeutete für Jung eine ständige Offenheit für das kollektive Unbewusste, wie Rudhyar bemerkt.

Der amerikanische Psychologe und ehemalige Direktor des C.G. Jung-Instituts in Zürich, *James Hillmann*, hat einen Vertex von 17°21' im Skorpion und im Quadrat zum Mars, dem Gestirn der Vitalität, der Provokation und Entmythisierung,

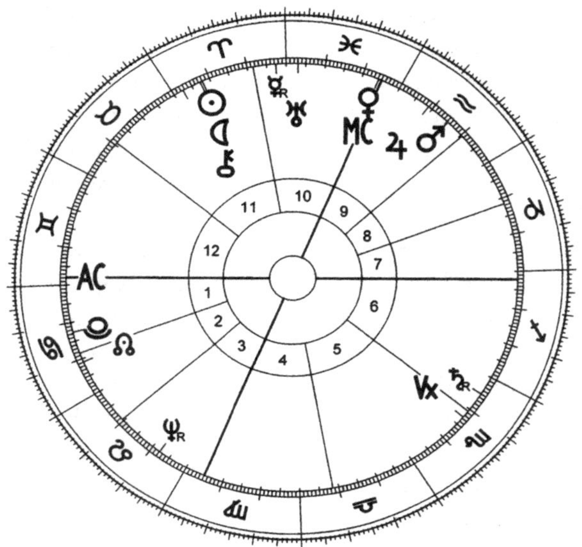

Abb. 16: James Hillman

der Energie und der Ausrichtung dieser Energie von sich auf die Außenwelt; er steht im Quadrat zu Neptun (bei einer Abweichung von 4°46') – dies könnte auf eine Labilität der Gefühle oder des Verhaltens hindeuten, auf innere Unruhe und Neurosen. In seiner Jugend hat Hillman dies alles erlebt und schließlich deshalb begonnen, sich für Psychoanalyse zu interessieren. Zuvor lebte er ein Jahr in Indien, seine Neurosen wurden immer stärker, er schrieb alles auf, was er träumte, bestieg den Himalaya bis zur Höhe von 3000m und sprach mit Gopi Krishna. Dort erlebte er auch die Offenbarung, nach einem Alptraum, der erschreckend und zugleich sehr einfach war (so erinnert er ihn) und den Beginn seines Abstiegs vom Berg und seine Annäherung an die Psychoanalyse darstellte.

Ich hatte soeben geheiratet, war vollkommen neurotisch, verängstigt, unfähig irgendetwas zu tun, hatte Symptome und so ging ich an das Jung-Institut. Es war im Februar 1953.[20]

Pluto (Herrscher des Vertex) befand sich im Transit über dem Vertex: Hillman ging als Patient ins Institut, um später als Direktor wieder herauszukommen! Dabei wollte er nie Analytiker werden: *Ich hielt mich für ungeeignet, ich wollte nicht in einem kleinen Zimmer gefangen sein und den ganzen Tag fremde Leute treffen. Ich hatte Angst davor, mit einbezogen zu werden, ich hatte Angst vor den Menschen, vor der Psyche, vor mir selbst, vor meiner Unkenntnis, davor, all dem nicht gewachsen und selbst zu krank zu sein.*[21] Die Mars- und Neptun-Quadrate stellten also eine Herausforderung dar, konnten auch paranoide, narzisstische und menschenfeindliche Verhaltensweisen hervorbringen – das Trigon Pluto-Vertex (bei einer Abweichung von 4° 41') aber war sein Ausweg, seine Rettung, und Pluto im 1. Haus, dem Haus der Persönlichkeit, die nach heftigen Krisen gerade während des Plutotransits über Neptun im Februar '53 wiedergeboren wurde!

Wir können im Großen und Ganzen erkennen, welche Schattierung die Planeten in Aspekt zum Vertex der Persönlichkeit verleihen. Die folgenden Erläuterungen beziehen sich nicht speziell auf harmonische oder Spannungsaspekte, sondern auf die Beziehung zwischen Planet und Vertex an sich, sind also gewissermaßen neutral. Wenn wir ein Horoskop deuten wollen, werden wir natürlich die Eigenschaften des Aspekts und die Kräfte des herrschenden Planeten und seine Position berücksichtigen müssen. Ebenso werden wir die Quadrate und Oppositionen als Elemente betrachten, die die besonderen Eigenschaften des Planeten verstärken oder schwächen und dadurch die Reaktionen und Ausdrucksmöglichkeiten der Persönlichkeit beeinflussen. Dabei dürfen wir aber die Trennung in »positive« und negative« Aspekte nicht übertreiben, denn nicht immer ist diese Unterscheidung selbstverständlich.

Sonne / Vertex

Eine positive, schöpferische, edle Persönlichkeit, die sich gerne bewundern lässt. Wie die Sonne Wärme, Energie und Leben spendet, so besteht hier das Bedürfnis, für die anderen »heilsam« zu wirken: Eine Beziehung zwischen Sonne und Vertex trägt dazu bei, Persönlichkeiten zu formen, die ihre Fähigkeiten zu therapeutischen Zwecken einsetzen, und wird dadurch zu einem Grundelement verfügbarer Prana-Energie. Die Begabung zum Heilen kann zu einer Beschäftigung im Bereich der Medizin, der Gesundheit, dem körperlichen oder seelischen Wohlbefinden der Menschen hinführen. Schöpferische und künstlerische Impulse haben hier für die Handlungsweise des Horoskopeigners eine überaus große Bedeutung.

Wer unter dieser Konstellation geboren ist, hat ein starkes Bedürfnis nach Zugehörigkeit, er sucht in seinen eigenen Wurzeln und in der Geschichte anderer Kulturen, Religionen oder Philosophien nach dem Element, dass ihm hilft sich zu orientieren.

Das Problem dieser Geborenen kann in dem Zustand »ständiger Angst« und Spannung liegen sowie in Schwierigkeiten mit Zweierbeziehungen, in der intimen wie der geschäftlichen Partnerschaft. Sie fürchten, ihr Ansehen zu verlieren, vertragen keine Kritik und sind der Überzeugung, dass die anderen ihnen Respekt zollen müssen. Manchmal erleben sie herbe Enttäuschungen in der Ausdehnung ihres eigenen Ich.

Aus psychopathologischer Sicht lassen die Kontakte zwischen Vertex und Sonne an Probleme mit der Vatergestalt denken[22], an exzessives Verhalten, Selbstüberschätzung und Überempfindlichkeit auf Kritik.

Mond / Vertex

Eine faszinierende, von der Intuition geleitete Persönlichkeit, die sehr sensibel auf die Umgebung reagiert und deshalb Sicherheit und feste Bezugspunkte benötigt. Sie wendet sich anderen zu, um zu lernen, zu begreifen und sich selbst zu verstehen. Das eigene Innenleben ist ihr sehr wichtig und sie verfügt über einen riesigen Schatz an Kenntnissen und archaischen Erfahrungen, die nur gelegentlich in Träumen oder extremen existentiellen Krisen an die Oberfläche des Bewusstseins gelangen. Kontakte zur Welt des Unbewussten, zum Transzendenten und Esoterischen sind wichtig, um sich den Geheimnissen der eigenen Lebensziele zu öffnen. Die Beziehung zum Weiblichen, zur Mutter, zu den eigenen Trieben und emotionalen Bedürfnissen, und bei weiblichen Horoskopeignern auch zur eigenen Frauenrolle, ist hier sehr wichtig für eine gelungene seelische und geistige Entwicklung.

Menschen mit dieser Konstellation müssen sich mit dem Begriff »Besitz« (materieller Besitz, Nahrung, Geld, aber auch der eigenen Person oder anderer) und dem Umgang damit auseinandersetzen. Meist verbirgt sich irgendwo ein Mangel (an Zuneigung, Mitgefühl), der dadurch ausgeglichen werden soll, dass man das, woran es einem vermeintlich fehlt, zu besitzen oder anderen wegzunehmen versucht.

Diese Menschen haben oft mit dem Problem des Alleinseins zu kämpfen, fühlen sich – zu Recht oder zu Unrecht –von ihren Partnern in moralischem oder materiellem Sinn verlassen, haben Angst, es alleine nicht zu schaffen und sind pessimistisch.

Aus der Sicht der Psychopathologie müssen die Wechselwirkungen zwischen Mond und Vertex auf Schwierigkeiten mit der Gestalt der Mutter verweisen[23], an wechselhaftes, instabiles Verhalten, Regressionen, Rückzug und Gefühlsblockaden.

Merkur / Vertex

Hier haben wir es mit Persönlichkeiten zu tun, die gezwungen sind, zu erkennen, dass bestimmte Ereignisse in ihrem Leben das unmittelbare Ergebnis einer »Reibung« zwischen den eigenen Entscheidungen und dem vorgegebenen Weg des Schicksals sind. Sie müssen der Tatsache ins Auge sehen, dass nicht sie am

Ruder sitzen, sondern jemand anderer das Kommando hat, und sie nur Mittler zwischen dem Willen dieses »anderen« und den eigenen Wünschen und Bedürfnissen sind. Das eigene Schicksal muss erst bewusst wahrgenommen werden. Es handelt sich um eine jugendliche Persönlichkeit mit seiner sehr stark ausgeprägten kindlichen und phantasievollen Seite.

Horoskopeigner mit dieser Konstellation erleben oft eine regelrechte geistige Erschöpfung und fühlen sich verlassen und dunklen Mächten ausgeliefert. Ihre Situation ist wirklich so, dass sie vom Pech verfolgt scheinen, und wenn sie einmal meinen, es doch schaffen zu können, so tritt, meist nicht unerwartet, ein neues Hindernis auf, das die pessimistische Lebenssicht noch bestätigt. Jedoch gelingt es ihnen immer wieder, auf irgendeine Weise und oft zufällig, ihre Schwierigkeiten doch noch zu meistern.

Für diese Geborenen stellt sich häufig das Problem, ihre eigenen Ideen konstruktiv zu nutzen und für sie zu kämpfen, denn andere halten diese oft für übertrieben, phantastisch und unverständlich. Manchmal entsteht auch ein Gefühl des Verfolgtseins, dann fordern sie alle und alles heraus, fühlen sich verfolgt und allein in einer Welt, die sie nicht versteht. Sie sollten sich vor allzu schnellen Urteilen hüten und mehr Toleranz üben.

Im Bereich der Psychopathologie weisen die Wechselwirkungen zwischen Merkur und Vertex auf Probleme in der Kommunikation mit anderen hin, auf Gemütskälte oder distanziertes Verhalten, Mangel an Interesse an sexuellen oder auch nur emotionalen Erfahrungen oder die Tendenz, solche Energien zu sublimieren.

Venus / Vertex

Diese Persönlichkeit strahlt Lebensfreude aus und flößt Hoffnung ein. Ihre Aufgabe ist die, anderen Leben und Freude zu spenden, vielleicht durch die Kunst oder durch eine andere ihr angeborene Eigenschaft. Es gelingt ihr trotz mancher Enttäuschungen, Ängste und Krisen (auch physischer Art), sich immer wieder zu erheben und in diesen Erfahrungen auch Kraft für die Befreiung zu schöpfen. Der Gefühlsbereich spielt hier eine große Rolle (er kann positiv erlebt werden oder auch nicht) und das Bedürfnis an Zuneigung durchdringt das ganze Leben.

Mit dieser Konstellation neigt man dazu, das Objekt der Zuneigung übermäßig zu idealisieren oder, im Gegenteil, zu entwerten, wenn es nicht mehr »nützlich« ist.

Diese Menschen sind wegen ihres unbewussten Hangs zum Perfektionismus oder zur Planung im Leben oft allein. Sie können sich nicht gehen lassen und zögern, welche Seite ihrer Persönlichkeit sie denn nun den andern zeigen sollen und welche sie besser unter Verschluss halten. Meist haben sie keine optimistische Lebensauffassung.

Für sie besteht das Problem im Akzeptiertwerden durch die anderen, aber auch darin, wie sie sich den anderen gegenüber präsentieren. Ohne es selbst zu merken, sind sie oft hart in ihrem Urteil, misstrauisch und fürchten Zurückweisung.

Im psychopathologischen Bereich lassen die Wechselwirkungen zwischen Vertex und Venus an Schwierigkeiten im sozialen Kontakt denken, an Schüchternheit und Verschlossenheit in den zwischenmenschlichen Beziehungen, obwohl die Horoskopeigner sich sehr danach sehnen.

Mars / Vertex

Hier treffen wir auf Menschen mit einem gesunden Selbstbewusstsein, auch wenn dieses manchmal in Stolz, Egozentrik und Arroganz umschlagen kann. Sie können hart, schneidend und unnachgiebig sein, aber auch direkt und sicher in ihrer Art sich auszudrücken, haben eine starke sexuelle Energie, sind manchmal aber auch nicht mit sich selbst im Reinen, und dies hängt sehr davon ab, wie weit sie ihre eigenen Grenzen akzeptieren können.

Unter dieser Konstellation ist es schwierig, sich in bestimmten Grenzen zu bewegen, man versucht, die anderen durcheinander zu bringen, um sie selbst besser zu beherrschen, wird oft aber auch zum Opfer der eigenen Opfer, vor allem im Bereich der Beziehungen, wo Verhältnisse zu Ende gehen, weil man zu viel gefordert hat, aus reinem Egoismus und der Unfähigkeit, sich in eine Paarbeziehung einzufügen.

Das Problem besteht im Umgang mit den eigenen Energien, die oft zerstörerisch wirken und bei den anderen Schutzmechanismen auslösen, sodass man allein bleibt. Wir haben es sowohl mit dem Typ des arroganten Menschen zu tun, der von sich selbst erfüllt ist und um jeden Preis eine Liebesbeziehung einfordert, als auch mit dem Schüchternen, Ängstlichen, der zu sehr damit beschäftigt ist, die Energie im Zaum zu halten, vor der er selber am meisten Angst hat. Wir müssen uns jedoch auch vor Augen halten, dass Mars-Vertex-Aspekte oft in Horoskopen von Menschen auftreten, die Opfer körperlicher oder seelischer Gewalt sind oder waren, die traumatische Erlebnisse im Familienkreis oder in zwischenmenschlichen Beziehungen hatten. Ebenso finden wir sie in den Horoskopen derjenigen, die sich mit den Folgen solcher Ereignisse befassen, also Sozialarbeiter, Betreuer in Drogeneinrichtungen usw. Dies ist bei der Auslegung zu berücksichtigen.

Was die Psychopathologie angeht, so müssen uns die Wechselwirkungen zwischen Mars und Vertex an Schwierigkeiten mit dem Selbstbild denken lassen, auch an schwere Identitätsprobleme, ein Gefühl von Leere, Unentschlossenheit, sprunghafte Stimmungsveränderungen, Empfindlichkeit.

Jupiter / Vertex

Persönlichkeiten mit dieser Konstellation sehen sich als Kämpfer für die Gerechtigkeit. Sie sind folglich erbitterte Feinde jeglicher Schikanen, Ungerechtigkeiten und Anmaßungen. Ehrlichkeit, Disziplin, Wahrhaftigkeit und Gerechtigkeit sind nur einige der Prinzipien, die sie den anderen nahe bringen wollen.

Hier müssen zwei Extreme, die sich in ihrer Gegensätzlichkeit ergänzen, vereint werden: Herz und Verstand, die Kraft des Gefühls und die der Gedanken.

Die Horoskopeigner haben auf jeden Fall eine soziale Ader, sie fühlen sich wohl in Gruppen, denn dort können sie sich entfalten. Unter ihnen findet man auch Anführer oder herausragende Persönlichkeiten einer Gemeinschaft.

Ihre Schwierigkeit liegt vor allem im richtigen Umgang mit der Macht, die andere ihnen verliehen haben, aber auch in der Fähigkeit, etwas zur richtigen Zeit zu beenden und die eigene Neigung zum Übertreiben und Verzetteln in den Griff zu bekommen.

Auch Einsamkeit kann hier zum Problem werden, die Gestaltung der zwischenmenschlichen Beziehungen, deren Grundlagen und Regeln. So mancher kann nicht allein sein, weil er sich nur an der Seite eines anderen Menschen oder in einer Gruppe erfüllt und lebendig fühlt, andere wieder entfernen sich fast ganz von den anderen und suchen nur die Beziehungen, die den eigenen Ansprüche und Ängsten gerecht werden. In jedem Fall müssen diese Menschen zu einem Verhalten finden, das es ihnen ermöglicht, anderen nützlich zu sein.

Die Wirkungen zwischen Vertex und Jupiter weisen im krankhaften Bereich auf bizarres Verhalten hin, auf Beziehungswahn, Launenhaftigkeit, Glauben an übernatürliche und magische Mächte, die Schaden anrichten.

Saturn / Vertex

Diese Konstellation entspricht einer verantwortungsbewussten und ernsthaften Persönlichkeit, die stark und unerschütterlich ihren Weg voranschreitet und sich einer Mission verpflichtet fühlt, ohne jedoch genau zu wissen, woher diese stammt und worauf sie gerichtet ist. Auf persönliche, egoistische Befriedigung muss hier verzichtet werden, denn die eigenen Vorhaben und der eigene Gewinn stehen im Dienste eines höheren Ideals. Diese Menschen werden von einer Mischung aus Glauben und

Furcht, aus Opfermut und Unsicherheit geleitet und ähneln in vielem der Gestalt Christi.

Wessen Horoskop diese Konstellation aufweist, muss die Möglichkeit haben, sich konstruktiv für etwas zu engagieren, auch wenn das Leben ihm oft nur sehr beschränkte Räume zur Verfügung stellt, sodass er sich für seine Familie, seinen Geburtsort einsetzt, obwohl er doch viel lieber für einen großen Personenkreis nützlich wäre. Ein solcher Mensch arbeitet sehr viel und ist oft – auch gegen seinen Willen – Bezugspunkt und Stütze für die Menschen um ihn.

Ein Problem für diese Personen kann in der Verantwortung liegen, die sie anderen gegenüber haben. Manchmal versuchen sie, anderen ihre Ziele aufzuzwingen, oder bringen sie gedankenlos in Situationen, denen sie nicht gewachsen sind.

In der Psychopathologie bedeuten die Wechselwirkungen zwischen Vertex und Saturn Misstrauen, Hass, Eifersucht, aber auch Verschlossenheit oder Schwierigkeiten im sexuellen oder ganz einfach emotionalen Bereich.

Uranus / Vertex

Diese Persönlichkeit fühlt sich als Teil eines Ganzen, eines intelligenten und vorherbestimmten Systems, das von »etwas« geschaffen wurde, das in ihr selbst oder außerhalb liegen kann. Es steht auf jeden Fall für das Universum, den Kosmos, die Urkraft, und ist Ausdruck des Kosmischen in jedem Individuum. Manchmal gerät man in Katastrophen und scheinbare Zufälle, doch steckt auf jeden Fall eine Ordnung dahinter, auch wenn diese nicht bekannt und nicht vertraut ist. Die Aufgabe besteht darin, dem Schicksal entgegenzugehen, aber auch darin, zu einem Individuum zu werden,das sich aus der Masse emporhebt. Manchmal ist dieser Charakter noch kindlichen Verhaltensweisen verhaftet, wie auch im Falle der Merkur-Konjunktion, in jedem Fall aber handelt es sich um eine Persönlichkeit, die den Funken überspringen lässt und neues Feuer entfachen kann.

Menschen mit dieser Konstellation brauchen eine unmittelbare Antwort auf ihre Fragen nach der Welt und den Geheimnissen des Lebens. Sie leben in einer Art innerer Erregung und fühlen sehr stark die Notwendigkeit, etwas wirklich Großes zu tun, etwas, das sie mit den höheren Mächten in Berührung kommen lässt. Sie sind originell und möchten sich von der Familie und der Umgebung abheben, den eigenen Launen und Eingebungen folgen können. Viele von ihnen haben einen besonderen Bezug zum Glauben, nähern sich Gott auf wenig orthodoxe Weise, setzen sich für ihn mit unkonventionellen Methoden ein, oder sie gehören Vereinigungen an, die sich dem Dienst an den Außenseitern und Ausgestoßenen der Gesellschaft verschrieben haben; auch Bekehrungen »auf dem Weg nach Damaskus« sind nicht selten.

Diese Horoskopeigner haben meist Probleme mit Gefühlen – es fällt ihnen schwer, dem Eigenleben der Gefühle zu folgen, sodass sie häufig an einem bestimmten Punkt ihres Lebens allein bleiben oder in ihrer Partnerschaft eine Krise erleben, weil sie sich aus Angst, die Beziehung zu zerstören, dem Auf und Ab der Gefühlsenergien in übertriebener Weise anzupassen versuchen.Dies hat zur Folge, dass sie alles lähmen, und die Beziehung in einer falschen Harmonie gefangen bleibt, in der alles sanft ist und geradlinig, aber erloschen.

Wechselwirkungen zwischen Vertex und Uranus lassen in der Psychopathologie an Verhaltensänderungen und sprunghafte Laune denken; wie bei Jupiter gibt es hier oft den Glauben an seltsame und magische Dinge oder die Überzeugung, ein Werkzeug des Schicksals zu sein. Es kommt zu fixen Ideen, Halluzinationen und Sinnestäuschungen visueller oder auditiver Art.

Neptun / Vertex

Menschen mit dieser Konstellation haben eine recht starke Persönlichkeit und fühlen sich dazu berufen, die »Dunkelheit zu vertreiben«, indem sie das individuelle und kollektive Bewusstsein erhellen. Sie sind stark und selbstsicher, aber auch bescheiden in ihrer Suche, besitzen Intuition und mediale Begabung, Stärke und Entschlossenheit, müssen aber mühsam lernen, ihre Energien zu dosieren und ihr Credo auf eine feste Basis zu stellen, denn eine Theorie (oder ein Leben) ohne Grundlagen kann beim ersten Windstoß zusammenfallen.

Wer unter dieser Konstellation geboren ist, verspürt meist das Bedürfnis, seinem Leben eine Richtung zu geben, was auch durchaus möglich wäre, verlöre er nicht damit Zeit, sich immer wieder mit anderen Bildern oder Situationen zu identifizieren. Er sollte auch nicht immer etwas von den Anderen erwarten, sondern seine menschliche Wärme uneigennützig in den Dienst am Nächsten stellen. Man könnte sagen, dass diese Horoskopeigner spirituelle Menschen sind, die aber ständig in einem gespannten Verhältnis zu der materiellen Seite ihres Lebens stehen.

Manchmal kann es zum Problem werden, dass sie nicht verstehen, wie erlebtes Leid in einer Beziehung, im Bereich der Gefühle, der sozialen Kontakte oder im beruflichen Umfeld zu einer Erfahrung werden kann, die ihnen hilft, die gleichen leidvollen Erfahrungen bei anderen Menschen zu verstehen oder zu lösen.

Die Konstellation tritt häufig bei sehr kreativen und künstlerisch begabten Menschen auf, die nach Zuneigung hungern aber ständig unbefriedigt darüber sind, wie sie diese Liebe schließlich erleben, als ob sie sich in dieser Dimension nicht wohl fühlten, obwohl sie alles daran gesetzt hatten, sie zu erreichen.

In der Psychopathologie finden wir bei Wechselwirkungen zwischen Vertex und Neptun passive Resistenz, Delirien, Übertreibung, Narzissmus, Veränderungen der Wahrnehmung.

Pluto / Vertex

Hier haben wir es mit einer medial begabten, geheimnisvollen Persönlichkeit zu tun, die viel Selbstdisziplin aufbringen muss, um der eigenen Entwicklung und der der Mitmenschen nützlich zu sein. Je nach der Position und den Aspekten Plutos unterscheiden wir hier zwei Typen: der eine hat sozusagen bereits eine kosmische Dimension erreicht und ist von den irdischen Niederungen entfernt – er ist imstande, den Diamanten im Misthaufen zu entdecken und die anderen daran teilhaben zu lassen. Der andere Typus steht mit der Unterwelt in Verbindung, mit dem Zerstörerischen und Selbstzerstörerischen. In seinem Selbstbild strebt er zwar nach Reinheit, doch verbirgt er dahinter nur die Angst, hörig gemacht oder beraubt zu werden (vielleicht seiner Persönlichkeit?). Die beiden Ausprägungen können auch gleichzeitig existieren, und es ist auch nicht auszuschließen, dass vor allem gegen Ende des Lebens sich der eine in den anderen verwandelt – und umgekehrt.

Menschen mit dieser Konstellation haben meist psychologisches Gespür und mehr oder minder versteckte mediale Fähigkeiten; dies heißt aber nicht, dass sie der Realität abgewandt sind, im Gegenteil! Sie stehen mit beiden Beinen auf der Erde, haben Sinn für das Konkrete, und wenn sie in die Enge getrieben werden, können sie unglaublichen Mut, Kraft und Hartnäckigkeit an den Tag legen.

In der Psychopathologie treffen wir bei dieser Wechselwirkung zwischen Pluto und Vertex auf verantwortungsloses Verhalten, Aggressivität, Labilität und paranoide Delirien.

Horoskopbeispiele

Meine Untersuchungen bedienen sich des Vertex als Mittel zum besseren Verständnis gewisser Verhaltensabweichungen im neurotischen oder psychotischen Sinn. So kann ich mein Augenmerk besser auf die psychische und psychosoziale Dynamik richten, die ihnen zugrunde liegen und die durch den Vertex auch im Horoskop nachvollziehbar sind. Zum besseren Verständnis möchte ich zunächst die Horoskope einiger bekannter Persönlichkeiten besprechen, bevor ich auf Fälle aus meinem medizinischen Archiv zu sprechen komme.

Es werden einige besondere Positionen des Vertex dargestellt, die zusätzliche Informationen über seine Bedeutung und seinen Einsatz in der Horoskopinterpretation liefern – dadurch werden sich einige »Regeln« abzeichnen, die im Vorangegangenen noch nicht dargelegt wurden. Natürlich kann man nur nach einer Gesamtanalyse des Horoskops eine ernsthafte Diagnose stellen.

Friedrich Nietzsche

Mit diesem Horoskop möchte ich beginnen, weil sowohl die Person selbst als auch die Vertexposition bemerkenswert sind. Der Vertex ist hier völlig unaspektiert. Einerseits fehlen uns dadurch wichtige Elemente, die für ein besseres Verständnis des Vertex wichtig sind, anderseits hat man dadurch Gelegenheit, die Bedeutung dieses kosmischen Faktors auch unter objektiv kargen Bedingungen zu zeigen.

Wir müssen uns also hier auf den herrschenden Planeten verlassen. Der Vertex steht im Krebs, im 8. Haus. Dies verweist auf den Mond, der sich im Schützen im 1. Haus befindet. Der Mond steht im Konjunktion zum nördlichen Mondknoten, in Quadrat zur Venus, in Trigon zum Uranus und in Opposition zum Schwarzen Mond. Versuchen wir nun, mit dem Interpretationsgerüst aus den vorhergehenden Kapiteln dieses Horoskop zu erfassen. Der Vertex im Krebs verweist auf eine histrionische Persönlichkeit, die große Gefühlsbetontheit, Egozentrik und Theatralik an den Tag legt; eine solche Konstellation lässt auf einen starken Einfluss der Familie, der Mutter oder der weiblichen Familienmitglieder schließen, oder auch der Beziehungen zu Frauen im Allgemeinen. Der Vertex im 8. Haus fördert ein Hin- und Hergerissensein zwischen Geist und Instinkt, irrationalen Reizen und Trieben, die zerstörerisch oder kreativ wirken können, sowie geistige, intellektuelle oder körperliche Frühreife. Diese Menschen erreichen höchste Höhen der Philosophie und des Geistes, lernen aber auch die tiefsten, primitivsten und instinkthaftesten Seiten der menschlichen Natur kennen.

Der Herrscher des Vertex im Schützen, der manchmal mit selbstverletzendem oder, im Gegenteil, selbstverherrlichendem Benehmen einhergeht (es kann entweder das eine oder das andere der Fall sein, gelegentlich aber sowohl, als auch), verweist auf Probleme bei der Wahl und der Ausrichtung auf eigene Ziele, auf Ehrgeiz und Egoismus. Die Position im 1. Haus ist häufig bei ich-bezogenen Charakteren zu finden, oder solchen, die zur Übertreibung greifen, um einen Platz in der Welt zu »besetzen«; auch Aggressivität und Polemik sind nicht selten.

Interessant ist die Konjunktion zwischen dem Herrscher des Vertex und dem nördlichen Mondknoten: die Achse Vertex/Antivertex auf der Achse der Mondknoten, aber auch der Herrscher des Vertex in Konjunktion zum nördlichen Mondknoten haben ein besonderes Gewicht und Bedeutung und müssen in jedem einzelnen Horoskop aufmerksam gewichtet werden. Auf jeden Fall müssen wir bei einer solchen Konstellation immer an eine sehr intuitive Persönlichkeit denken, die nach Erkenntnis

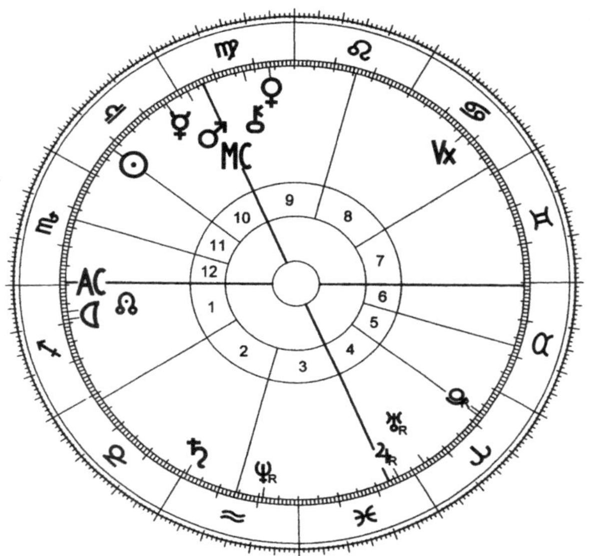

Abb.17: Friedrich Nietzsche

und Vollkommenheit strebt, sich selbst übertreffen, Grenzen überschreiten und Risiken eingehen will. Es wird sich also um keine »normale« Person handeln, sondern um jemand, der das Gefühl hat, nicht Teil der ihn umgebenden Welt zu sein, und manchmal auch außerhalb seiner selbst zu leben, was in Grenzfällen bis zur Schizophrenie gehen kann. Bei Nietzsche handelt es sich um den Mond als Herrscher des Vertex, was die erwähnten Eigenschaften nur verstärkt, denn ein Mond in Konjunktion zu seinem nördlichen Knoten stellt eine sehr kreative, bildschöpferische Energie dar, die die Visionen der Seele verwirklichen will. Das Quadrat zwischen dem Mond (Herrscher des Vertex) und der Venus führt meist zu Beziehungsproblemen, zu dem Wunsch und Bedürfnis nach Anerkennung, aber auch zu einem unklaren oder unbefriedigenden Verhältnis zum eigenen Körper (dies wäre natürlich noch stärker bei einem Vertex in Quadrat zur Venus). Das Trigon zu Uranus können wir als Bedürfnis nach Verwandlung sehen (Mondaspekte haben immer mit Bedürfnissen zu tun), nach einer Neuordnung der eigenen Identität. Ebenso kann auch das Bedürfnis bestehen, eine besondere Lebensphase zu durchlaufen (in der Regel während einer Opposition von Uranus zu sich selbst), in der nach einem Trauma oder einfach nach sehr tiefgehenden Erfahrungen der Mensch seine Seele von Fesseln oder Hindernissen befreit. Im Fall Nietzsches wissen wir, dass sein psychischer Zusammenbruch etwa drei Monate nach seinem 44. Geburtstag erfolgte. Uranus stand bei 22° in der Waage, in Konjunktion zur Sonne und in Opposition zu Pluto; im Progressionshoroskop 1888 zu diesem Ereignis (im Januar 1889) befand sich der Mond bei 13° im Krebs, also in Konjunktion zum Geburtsvertex; der Progressionsvertex stand bei 17°46' im Löwen, in Opposition (3°) zum Geburtsneptun; dieser Orbis könnte bedeuten, dass die Geburtszeit ein wenig nach vorne verlegt werden müsste. Die Opposition des Vertexherrschers zum Schwarzen Mond können wir als Unfähigkeit deuten, für die eigenen Wünsche und Forderungen, Entscheidungen und Handlungen die richtigen Motive zu finden – dadurch kann es zu unschlüssigem und oft für sich und andere gefährlichem Handeln kommen.

Dino Campana

Der große Dichter aus Marradi weist einen Vertex im Krebs im 8. Haus auf, in Sextil zur Konjunktion Venus/nördlicher Mondknoten sowie zu Merkur und Neptun. Der Herrscher ist der Mond und hat sehr interessante Aspekte: Opposition zu Saturn und Quadrat zu Uranus. Es springt förmlich ins Auge, dass die Herrscher von Vertex und Antivertex zueinander in Opposition stehen. Was bedeutet dies? Es ist wesentlich wichtiger als man auf den ersten Blick meinen könnte. Wenn der Herrscher des Vertex sich in Aspekt zum Herrscher des Antivertex befindet, insbesondere wenn es sich um einen Spannungsaspekt handelt, dann heißt dies vor allem, dass der Horoskopeigner

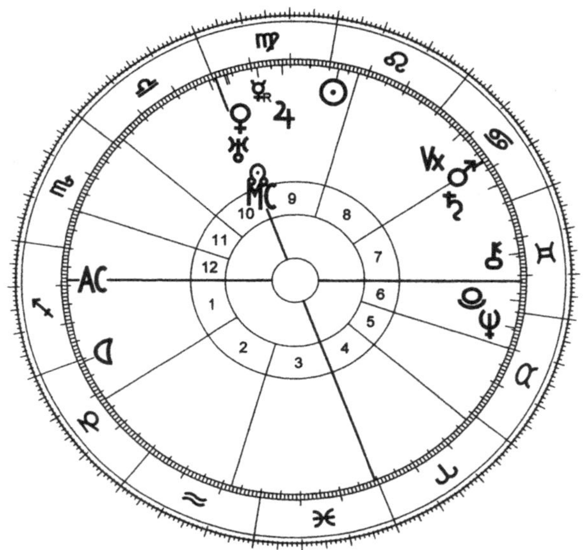

Abb.18: Dino Campana

Visionen, Gedanken und Konzepte hegt, die denen seiner Zeit weit überlegen sind und über sie hinausreichen. Meist sind dies Menschen, die sich weder mit sich selbst noch mit anderen wohlfühlen, und sich doch danach sehnen, von ihrer Mitwelt akzeptiert zu werden. Dies führt dazu, dass sie sich manchmal völlig in sich selbst zurückziehen, dann wieder mit ihren Annäherungsversuchen übertreiben, und so ihr Verhalten ständig wechselnde Höhen und Tiefen aufweist.

Treffen wir in einem Horoskop auf eine solche Konstellation, insbesondere bei Spannungsaspekten, müssen wir immer an außergewöhnliche, intellektuell hochbegabte Menschen denken, die aber in bestimmten Stresssituationen oder ungünstigen Bedingungen im Bereich der Psyche, der Umwelt und Familie zu Selbstverletzungen neigen oder in Organleiden oder psychische Depressionen verfallen können und daher von außen sehr »angreifbar« sind – physisch kann sich das auch in schweren Erkrankungen äußern. Eine Opposition zwischen den beiden Herrschern ruft fast immer familiäre Konflikte oder Pathologien auf den Plan, die auf den Horoskopeigner wirken.

Im vorliegenden Horoskop steht der Vertex im Krebs; dies war auch im vorhergehenden Fall so (auch die Wirkung des 8. Hauses haben wir bereits kennen gelernt). Die Konstellation verweist auf die Beziehung zu den Eltern, besonders zur Mutter, dem mütterlichen Prinzip: Der Mond in Opposition zu Saturn, jeder im Domizil des anderen, bezeichnet sehr gut das Drama des Verlassens, der Trennung, des Abwendens der Mutter von ihrem Sohn. Roberto Sicuteri hat die Situation in Nr.86 der Zeitschrift »Linguaggio Astrale« sehr gut beschrieben und dokumentiert. Wir haben gesehen, dass der Vertex uns Informationen über »soziale Psychosen und Neurosen« und über die Reaktion auf die Umwelt gibt, wenn diese als bedrohlich oder »krank« empfunden wird und folglich als ansteckend für die eigene körperliche oder geistige Verfassung. Wie Sicuteri meine auch ich, das man hier wirklich von einer exogenen, einer Erkrankung der Umwelt (in diesem Fall der Mutter) sprechen kann: *»Dino war, ‚technisch' gesehen, der Projektionsort für die mütterliche Erkrankung«*.[24] Dies gilt umso mehr, als Mond und Saturn die Herrscher von Vertex und Antivertex sind, und sich dadurch die Aggressivität der Umwelt dem Horoskopeigner gegenüber noch erhöht. Häufig reagiert der Betroffene durch den Ausbruch einer körperlichen oder psychischen Krankheit als einer Form von Schutzmechanismus.

Auf das Verlangen nach Zuwendung, Liebe, Verständnis und Akzeptierung reagiert die Umwelt (d.h. die Menschen darin) mit Ablehnung. Auf den Wunsch nach Gleichgewicht, Harmonie und Freundschaft antwortet sie mit Feindseligkeit; die Person verschließt sich oder versucht im besten Fall ihr Verlangen immer wieder zu äußern, wohl wissend, dass es nicht erhört wird, und erschöpft sich innerlich, ohne aber ihre Kreativität zu verlieren, die als Waffe zu Verteidigung und Angriff dient. Dies war hier der Fall, und dank der harmonischen Aspekte des Vertex zu Merkur, Venus und Neptun, von denen der erste für das

Schreiben, die anderen beiden für die Poesie stehen, wurde diese »schöpferische Waffe« immer mehr geschärft, bis sie die poetischen Degenhiebe ausführen konnte, durch die Campana seine Natur, seine Wut, seine Liebe ausdrückte. Uranus im Quadrat zu den beiden Herrschern von Vertex und Antivertex nimmt hier eine wichtige Stellung ein, was leicht zu erraten ist für alle, die mit dem System der abgeleiteten Häuser vertraut sind: Uranus ist Herrscher im Wassermann; wer den Vertex im Krebs hat, für den stellt der Wassermann sein 8. Haus dar. Wenn wir nun den 8. Ort vom Vertex aus betrachten, so erhalten wir durch den Herrscher besondere Informationen über die Wirkung der Reaktionen auf Angriffe von Außen. Man kann sagen, bei einem Vertex im Krebs hängt dies von Uranus ab. Oft, aber natürlich nicht immer, kann dies zu exzentrischen Verhaltensweisen führen, die zuweilen in Konflikte mit der Justiz münden, oder zu geistigen Störungen, zur Paranoia. Stünde der Vertex im Stier, würde das 8. Haus dem Schützen entsprechen und Jupiter die Folgen eines eventuellen krankhaften Verhaltens bestimmen. Man könnte sich für unbesiegbar halten, nichts und niemand fürchten, aus dem 7. Stock springen im Glauben, fliegen zu können, sich von einer Brücke stürzen in der Überzeugung, darunter fließe Wasser, obwohl dort nur Felsen liegen, aber ebenso könnte eine Neigung zum Selbstmord bestehen (dies sind Beispiele, die sich leider wirklich ereignet haben, mit einem solcherart positionierten Vertex, aber natürlich gab es auch noch andere Faktoren, die erschwerend auf diese Konstellation wirkten). Im Falle Campanas deutet Uranus in der Waage auf nicht erfüllte affektive Bedürfnisse hin, auf eine Entfremdung von der Realität, von den Kontakten, und einem Rückzug in eine ganz eigene Welt, aber auch auf die Schizophrenie der Mutter-Umwelt (10. Haus), der negativen Seite der Uranus-Mutter, die ihren Sohn ablehnt und in den Tartarus wirft, eine kastrierende Mutter (Steinbock-Mond im Spannungsaspekt zu Saturn). Uranus im Quadrat zu den beiden Herrschern des Vertex/Antivertex fügt sich ein in den »Wahnsinn« Campanas und lässt ihn glauben, er sei Dino »Edison«, der mit der Welt nur und ausschließlich über elektrische Impulse und Strahlung kommuniziert, lässt ihn heftige Delirien erleben, die Campana selbst als »elektrisch« bezeichnet! Im Sonnenjahr 1917/18, als er endgültig in das Irrenhaus von Castel Pulci bei Florenz gebracht wird, steht der Vertex bei 18°12' in den Fischen, in vollkommener Opposition zum Geburtsmerkur (18°36' Jungfrau) unter Einbeziehung der Achse 3/9.

Vincent Van Gogh

Der große holländische Maler hat den Vertex im Schützen im 5. Haus im Trigon zur Sonne, im Quadrat zu Neptun (5°30' Orbis) und in Quincunx zu Uranus. Jupiter als Herrscher des Vertex befindet sich ebenfalls im Schützen, in Konjunktion zum Mond, im Quadrat zu Venus und Mars und im Trigon zu Merkur. Wie im vorhergehenden Fall fällt hier die Aspektverbindung zwischen dem Herrscher des Vertex (Jupiter) und dem Herrscher des Antivertex (Merkur) auf. Eine solche Situation führt meist zu erhöhter Aggressivität der Umgebung gegenüber dem Horoskopeigner, sodass dieser durch ein körperliches oder psychisches Leiden reagiert und sich zu verteidigen versucht – dies vor allem bei Spannungsaspekten. Dabei möchte ich angesichts meiner geringen Erfahrung auf diesem besonderen Gebiet die harmonischen Aspekte nicht unterschätzen, auch wenn diese ihre Wirkung meist auf »kontrolliertere« Weise zeigen. Im Falle van Goghs stehen die Herrscher von Vertex und Antivertex in einem harmonischen Aspekt zueinander, sodass die selbstverletzenden Impulse eigentlich besser kontrolliert sein sollten.

Merkur befindet sich aber im Widder und reagiert deshalb allein und ausschließlich auf Mars, der hier im Quadrat zu Jupiter steht. Das Trigon scheint also »beeinträchtigt« zu sein, und zwar nicht wegen des Quadrats an sich, sondern weil der Planet im Quadrat einer der Herrscher eines der am Trigon beteiligten Gestirne ist. Stünde z.B. nur Venus im Quadrat zu Jupiter oder

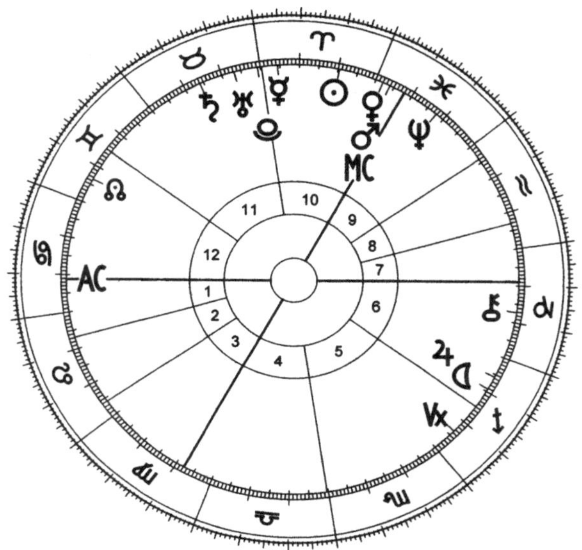

Abb.19: Van Gogh

Merkur, hätte das Quadrat »gehalten«, denn Venus hat keinerlei Herrschaft über die beiden Gestirne, und der harmonische Aspekt hätte die oben erwähnten Impulse besser kontrollieren können. Dies soll nicht heißen, das der vorliegende Aspekt einem Spannungsaspekt gleichgestellt werden soll, sondern nur darauf hinweisen, dass bei einem harmonischen Aspekt zwischen zwei Planeten, von denen einer im Spannungsaspekt zu einem der Herrscher steht, der »betroffene« Planet sich dem anderen gegenüber, wie in einem Zustand des Zweifels und der Unsicherheit befindet. Er lässt die gesamte Energie des Feuers gar nicht zu, die normalerweise ein Trigon entfachen kann, denn es ist kein Verlass auf den anderen, und so wird der Ausdruck der Fröhlichkeit und auch Oberflächlichkeit des Trigons in Ressentiment und Angst davor, betrogen zu werden, verwandelt. Bei van Gogh hat das Marsquadrat zwar keine Wirkung auf die intrinsischen künstlerischen Qualitäten gehabt, sondern das Sehnen nach Erfolg und Anerkennung sehr verstärkt und verschiedene Charaktereigenschaften wie Ungeduld, Überempfindlichkeit und Leidenschaftlichkeit zum Vorschein gebracht. Durch die Position in den Fischen kommt es auch zu neurotischen Tendenzen.

In den pathologischen Fällen steht ein Vertex im Schützen mit schizotypischen Störungen in Verbindung, mit exzentrischem Aussehen oder Benehmen, paranoiden Vorstellungen, aber auch fixen Ideen, Verfolgungswahn, Hypochondrie und Neigung zur Selbstverstümmelung. Die Position im 5. Haus kann verstärkend auf die Aggressivität wirken und auch das Gefühl, ständig konkurrieren zu müssen (Verfolgungsideen). Der bildschöpferische, neptunische Charakter, der durch die Position der Fische im 9. Haus und durch das Quadrat zum Vertex noch verstärkt wird, zeigt oft überempfindliches Verhalten, erweist sich als unangepasst an die Lebenswirklichkeit, und kann in den Mitmenschen, in der Umwelt, seine Bedürfnisse nach Harmonie, nach Kontakt mit dem Geheiligten, dem Göttlichen nur schwer befriedigen. Dies steht vielleicht in Verbindung mit den religiösen Krisen der Jahre 1876-77, als er als Hilfsprediger des Methodistenpfarrers Jones seine erste Predigt hielt und sich im mystischen Überschwang als »Bekehrer« der Armen anbot, in einem Leben in Einsamkeit und mit einer Strohmatte als Schlafstatt, um ihre Leiden selbst zu erleben. Das Trigon zur Sonne könnte man hier als Element verstehen, das die neptunischen Träume in ein logisches geistiges System bringt. Wenn dies gelingt (d.h. wenn Neptun den Kürzeren zieht), dann haben wir es mit der Persönlichkeit des Führers, des Reformators aber auch des Künstlers und Genies zu tun. Im entgegengesetzten Fall ergibt sich das Bild eines Verhaltensgestörten, der beherrscht wird von Verfolgungsideen, Halluzinationen und Delirien (in den schlimmsten Fällen); bei Van Gogh kann man davon ausgehen, dass Sonne und Neptun im Einklang wirksam waren. Für den Quincunx zu Uranus stehen mir nicht genug Daten zur Verfügung, um daraus eine zufriedenstellende Definition zu erarbeiten; ich betrachte ihn aber als ein Element der Diskontinuität im Handeln und Denken oder als eine Verstärkung der ablehnenden und misstrauischen Haltung den Mitmenschen gegenüber. Im Juli 1874 hatte er eine schwere Gefühlskrise mit darauffolgenden starken Depressionen, nachdem sein Heiratsantrag an die Tochter eines Freundes abgelehnt worden war: Der progressive Vertex befand sich bei 23°54' im Schützen in Konjunktion zu Jupiter; 1876, zur Zeit seiner mystischen Erlebnisse, stand der progressive Vertex bei 25°39' im Schützen im Quadrat zu Mars; 1890, dem Jahre seines Todes durch Selbstmord, finden wir den progressiven Vertex bei 7°47' im Steinbock, im Quadrat zur Sonne und im Trigon zu Uranus.

Gabriele d'Annunzio

Dieser bekannte Dichter hat den Vertex in der Waage, im 6. Haus in Opposition zu Venus, mit einem Sextil zum Mond und einem Trigon zu Uranus. Venus ihrerseits ist Herrscherin des Vertex und steht im Sextil zum Uranus und im Trigon zum Mond, sodass diese vier Elemente ein Rechteck bilden, dessen Diagonalen die Oppositionen Vertex/Venus und Mond/Uranus darstellen.

Dieser Fall ist vor allem deshalb interessant, weil der Herrscher des Vertex (Venus) sich in Konjunktion zum Herrscher des Antivertex befindet. Eine solche Konstellation finden wir vor allem bei Horoskopeignern, die »infantile« Charakterzüge aufweisen oder aber ihr Leben genau den Eigenschaften des Planeten entsprechend ausrichten, d.h. sie bringen diese Eigenschaften auf deutliche, unverfälschte und manchmal auch kreative Weise zum Ausdruck, reagieren und interagieren so mit ihrer Umwelt.

Wenn es sich in diesem Fall um den Planeten Venus handelt, so hat D'Annunzio nichts anderes getan als dessen Wesen genauestens zu folgen, denn er verstand das Leben als Verwirklichung von Kraft und Schönheit (Venus im Widder) und reagierte auf die Dinge des Lebens vor allem mit seinem gesteigerten Sinn für Ästhetik (Vertex in der Waage).

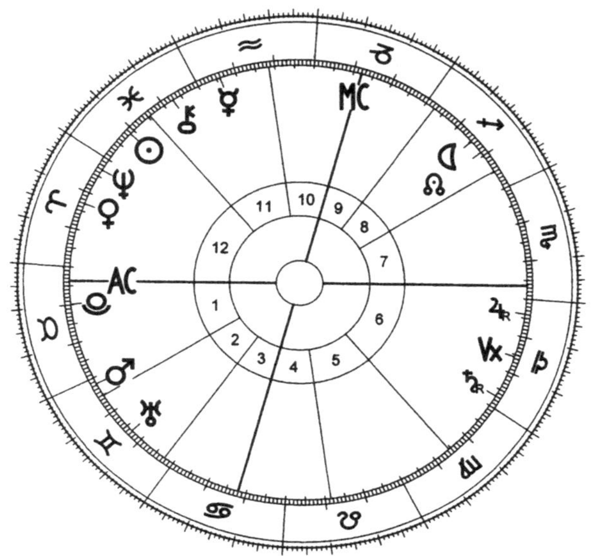

Abb. 20: D'Annunzio

Aus der Stellung des Vertex im Tierkreis geht das Bedürfnis hervor, sich eine Umgebung nach seinem Bild zu schaffen, um so die eigenen Wünsche, Ängste oder Unsicherheiten besser im Griff zu behalten. Wir haben bereits gesehen, dass ein Vertex in der Waage den Geborenen häufig dazu bringt, seine Privatsphäre verteidigen zu müssen, er aber auch Mühe hat, diese zu verlassen, weil dies den Verlust bestimmter Bequemlichkeiten bedeutet. Die Stellung im 6. Haus können wir als weiteren Beweis dafür werten, dass er sich einen »Privatraum« schaffen muss, wo er seinen Trieben nachgeben oder seine Reaktionen ausleben kann. Die günstigen Aspekte des Vertex und seines Herrschers zu Mond und Venus weisen auf den Weg, auf Dinge oder Personen hin, durch die der Geborene sein Gleichgewicht erlangen oder seinen Bedürfnissen Ausdruck verleihen kann: Sinnlichkeit, Wollust, Lyrismus, Beziehung zur Frau-Geliebten-Muse-Freundin.

Der Mönch von Pietrelcina hat den Vertex in den Zwillingen im 8. Haus, im Trigon zu Jupiter (bei einem Orbis von 6°52'). Merkur als Herrscher ist Teil einer dreifachen Konjunktion mit Sonne und Pluto, die selbst im Trigon zu Uranus steht. Auch hier, wie im Falle von Van Gogh, handelt es sich um ein »beeinträchtigtes« Trigon: Merkur/Uranus, wobei letzterer sich im Quadrat zu seinem Herrscher (Venus) befindet. Von den oben gegebenen Erklärungen ausgehend können wir einen Uranus sehen, der seine Einflüsse auf Merkur nur schwer geltend machen kann, weil sie durch die Krebsvenus abgelenkt werden; die Energie des Trigons verschwindet aber nicht: die Wahrheitsliebe, die große Ehrlichkeit, die psychischen und intuitiven Fähigkeiten sind vorhanden und bleiben als besondere Charaktermerkmale des Paters erhalten. Das Quadrat zur Venus, im 9. Haus und zwischen Mond und Saturn angesiedelt, verlegt die geistigen Einflüsse und psychischen Fähigkeiten, die Merkur eigentlich auf einer rein geistigen Ebene beabsichtigt hatte, in den körperlichen Bereich. Zwar möchte ich hier nicht über Dinge diskutieren, von denen ich wenig verstehe, doch kann man die Qual der Wundmale sicherlich in Zusammenhang mit der Venusposition und dem Aspekt zu Uranus sehen. In gewissem Sinne stellen sie »eine körperliche Lust im Leiden« dar; die starken Energien, die nicht nur von Merkur, sondern auch von Pluto und der Sonne gespeist werden, sind hier ins Körperliche, Somatische verschoben (Venus, Mond, Saturn und Krebs sind alle, auf die eine oder andere Weise, mit dem Körper verbunden).

Im Solarhoroskop von 1910, als die Wundmale zum ersten Mal auf den Händen von Pater Pio zu sehen waren, befand sich der Vertex bei 11°02' im Krebs, kurz vor der Konjunktion mit der Geburtsvenus. Übrigens, wäre die Geburtszeit eine andere gewesen (z.B.17:10 Uhr) hätte sich der Vertex bei 13°05' im Krebs und somit auf dem gleichen Grad wie die Venus befunden. Und nicht nur das: wenn wir diese hypothetische Geburts-

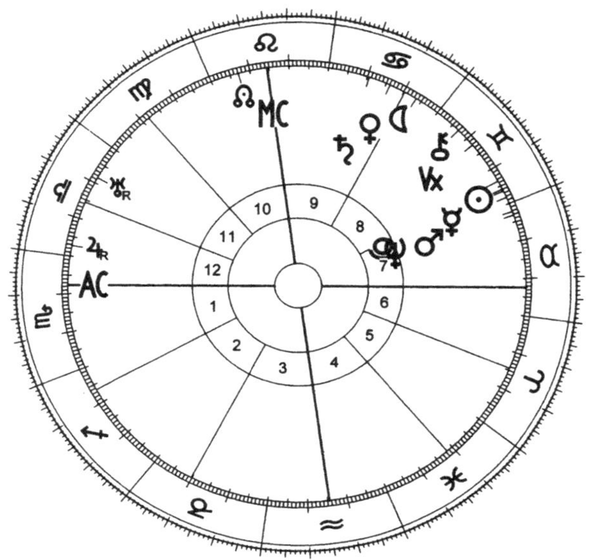

Abb. 21: Pater Pio

zeit beibehalten würden, stünde der Vertex im Solar von 1918, dem Jahr in dem die Wundmale erschienen, bei 19°21' im Krebs, auf dem gleichen Grad wie sein Radix-Saturn! Könnte dies also die korrekte Geburtszeit von Pater Pio sein? Angesichts der starken Aussagekraft des Vertex würde ich dazu neigen, ja zu sagen – dies würde auch den Orbis des Trigons Vertex/Jupiter verringern, und dieser ist meiner Ansicht nach ein überaus wichtiger Aspekt in diesem Geburtshoroskop.

Weder der Vertex noch sein Herrscher Merkur weisen Spannungsaspekte auf, weshalb man Anzeichen für wichtige Pathologien ausschließen kann, wie sie sonst bei ähnlichen Aspekten auftreten können. Die Position des Vertex in den Zwillingen würde sich dann in dem Bedürfnis ausdrücken, zu geben, zu lehren und ein wahrhafter Gottesbote zu werden, der Himmel und Erde vereinigt und der Seele die Augen öffnet. Die spirituellen und auch materiellen Impulse sind auf jeden Fall aber stark, ebenso die geistige Frühreife und Sensibilität (Vertex im 8. Haus).

Was das Trigon zu Jupiter betrifft, so ist dieser rückläufig, im 12. Haus und er ist Herrscher des Antivertex; sicherlich konnte Pater Pio nicht anders, als diesen Weg zu gehen, denn der so situierte Jupiter drückt sich aus in dem freudigen Leiden der Begegnung mit dem Transzendenten, im Verzicht auf materielles Leben, in der Härte, mit der Pater Pio bereits im Alter von vier Jahren seinen schwächlichen Körper auf die Probe stellte, in der Introspektion, die ihn von allem und allen isolierte, in der völligen Hingabe an Gott in den vier Wänden seiner Zelle.

Klientin 1

Dieser und die folgenden Fälle stammen aus meinem persönlichen Archiv, weshalb die Namen zum Schutze der Klienten anonym bleiben müssen. Die Horoskopeignerin hat Neurosen mit phobischem Charakter und Störungen im sozialen Kontakt. Sie geht nie aus dem Haus, träumt häufig, sie würde begraben oder sieht Särge, Bestattungsunternehmen, Aufbahrungshallen. Sie sagt, dass sie mit Toten spricht und ist ständig in Erwartung einer unmittelbar bevorstehenden Katastrophe, weshalb sie unterschiedlichste Gegenstände sammelt, die bei deren Eintreffen dienlich sein könnten. Seit kurzem leidet sie an einer Übersäuerung des Magens, was zu Schmerzen und sehr häufig auch zu Erbrechen führt.

Der Vertex befindet sich hier in der Jungfrau im 7. Haus, in Konjunktion zu Pluto, im Sextil zu Neptun und in einem weiten Trigon zum Mond (Orbis 6°21'); der Herrscher Merkur steht in Opposition zu Saturn und im Quadrat zu Mars. Was die Krankheitserscheinungen betrifft, so verweist die Position in der Jungfrau auf zwangsneurotische Störungen, die neben der typischen Angst, Fehler zu machen, dem übertriebenen Ordnungssinn, Kleinlichkeit usw., auch das Bedürfnis betreffen, Dinge zu horten (aus Angst vor zukünftigen Katastrophen) und

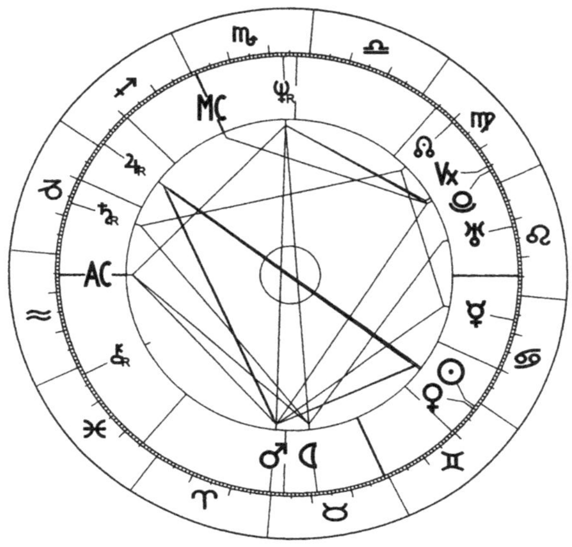

Abb. 22: Klientin 1

sich nur sehr schwer von ihnen trennen zu können, auch wenn sie keinerlei gefühlsmäßige Bedeutung haben.

Die Stellung im 7. Haus scheint mit Identitätsproblemen in Verbindung zu stehen bzw. mit der Schwierigkeit, bestimmte Grenzen oder Beschränkungen zu akzeptieren, und einer Flucht in Phantasiewelten oder in autistischen Rückzug. Es mag fast zu simpel erscheinen, den Bezug zu Tod und Begräbnis in Zusammenhang mit der Konjunktion Vertex/Pluto zu sehen; natürlich ist es hilfreich, doch gelangt man selten zu so starken Ausprägungen, auch wenn ich bei Pluto fast immer in irgendeiner Form ein Interesse an den Dingen des Todes festgestellt habe, an dessen phantastischen, esoterischen, schaurigen Seiten. Daher ist nicht auszuschließen, dass bei starken psychischen Beschwerden diese Konjunktion auf eine tiefere Gefühlsverbindung zum Jenseits hinweist, die bis zu regelrechten Delirien gehen kann.

Die Konjunktionen der Planeten zum Vertex sind die wirksamsten Aspekte, sodass wir ihnen den Vorrang einräumen und den betreffenden Planeten als Symbol der unbewussten Persönlichkeit des Horoskopeigners betrachten müssen, sowie als Indikator, der uns zeigt, wie die Person auf »Angriffe« aus der familiären oder gesellschaftlichen Umgebung reagiert. In diesem Fall handelt es sich um Pluto, sodass wir zwar an eine »plutonische« Persönlichkeit denken können (und die todesbezogene Thematik weist auch darauf hin), doch erzeugt die Konjunktion in der Jungfrau, einem sicherlich nicht mit Pluto verwandten Zeichen, eine Art Kurzschluss, und die Horoskopeignerin ergibt sich mit Haut und Haar den für die Fische typischen seherischen und schwärmerischen Tendenzen, bleibt dabei aber den Ausdrucksmöglichkeiten der Jungfrau verhaftet – was durch den Herrscher im 6. Haus zu »Blackout«- Momenten führt, in denen sie wirklich nicht mehr weiß, wohin sie sich wenden soll. Die harmonischen Aspekte zu Mond und Neptun aus dem 3. bzw. 9. Haus könnten wir in der Neigung der Horoskopeignerin zur Schriftstellerei oder besser zum Schreiben eines Tagebuchs sehen. Dort schreibt sie jeweils ihre Visionen und ihre Gespräche mit den Toten auf, sodass diese Aspekte und Häuser zu ihrem Zufluchtsort werden. Merkur als Herrscher des Vertex befindet sich im 6. Haus und steht in Opposition zu Saturn – dies zeigt uns, dass die Person Schwierigkeiten hat, soziale Kontakte zu knüpfen und in Austausch mit Umgebungen, Menschen und Dingen zu treten, die nicht vertraut sind, weshalb sie verbal oder körperlich aggressiv wird, wenn sie durch die Umstände gezwungen ist, z.B. einen Arzt oder eine Beratungsstelle aufzusuchen (Quadrat zu Mars).

Klientin 2

Diese Person hat eine besondere und bemerkenswerte Geschichte. Sie wurde im Lauf der Zeit Zeugin von drei Selbstmorden, nämlich ihrer beiden Brüder und ihres Mannes, der sich

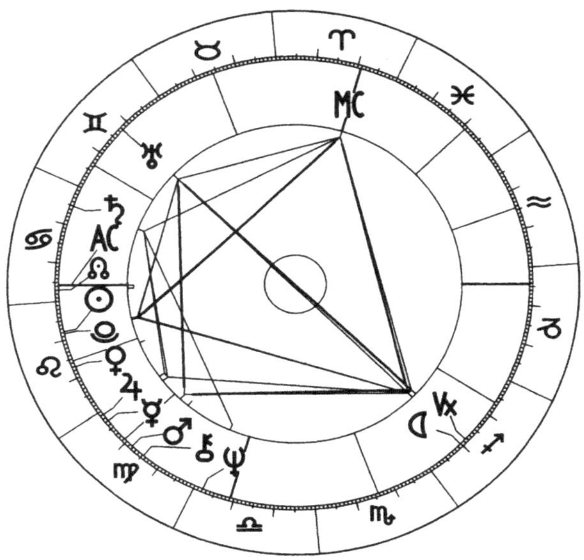

Abb. 23: Klientin 2

praktisch vor ihren Augen das Leben nahm. Diese Erlebnisse mussten natürlich in einer Persönlichkeit, die von Natur aus nicht sehr ausgeglichen war, unausweichlich ihre Spuren hinterlassen. Von Geburt an litt sie an heftigen Panikattacken, bipolaren Störungen (einer Abfolge von manischen und depressiven Phasen mit mehr oder weniger langen Remissionsphasen dazwischen) und schizoiden Tendenzen.

Ihr Vertex steht im Schützen, im 5. Haus, in Konjunktion zum Mond, in Quadrat zu Mars, im Trigon zur Sonne und zu Pluto, in Opposition zu Uranus. Der Herrscher Jupiter steht in Konjunktion zu Merkur. Es handelt sich also um sehr interessante Konstellationen. Beginnen wir bei der Konjunktion Merkur/Jupiter. Da es sich um die Herrscher von Vertex und Antivertex handelt, ist der Aspekt umso wichtiger. Bei Dino Campana verhält es sich ähnlich, doch stehen bei ihm die Herrscher in Opposition. Zum besseren Verständnis dieser Dynamik könnte man den Unterschied zwischen diesen beiden Konstellationen vielleicht so beschreiben. Die Opposition der Herrscher von Vertex und Antivertex können wir als Hinweis auf innere Konflikte verstehen, die den Horoskopeigner in Augenblicken psychologischer Schwäche heimsuchen und die nicht so sehr von unbearbeiteten persönlichen Problemen herrühren (auch wenn diese natürlich berücksichtigt werden müssen), sondern vielmehr von ungelösten familiären Problemen – es scheint sich hier um eine wiederkehrende Problematik zu handeln, für die der Geborene zum Sündenbock wird. Angesichts einer solchen Opposition müssen wir also die Möglichkeit in Betracht ziehen, dass es sich um eine Familienpathologie oder ein anderes nie gelöstes Familienproblem handelt, das der Horoskopeigner sich unbewusst auflädt oder für das er wider Willen als Hauptdarsteller auf die Bühne gerufen wird. Liegt jedoch eine Konjunktion vor, so handelt es sich zwar auch um Familienprobleme, der Horoskopeigner wird aber vor allem Zuschauer des Dramas, oder er ist der »gesunde Überträger« der Familienkrankheit, die dann demjenigen aufgeladen wird, der mit einer Opposition der Vertex-Antivertex-Herrscher geboren wurde.

Im vorliegenden Fall handelt es sich zwar um eine Konjunktion und die Horoskopeignerin ist Zuschauerin der Tragödie, doch kann man nicht umhin zu sehen, wie sehr sie sich ungewollt ein Familienkarma aufgeladen hat – Opposition und Konjunktion können manchmal die Rollen tauschen. Nicht zufällig befindet sich die Konjunktion im 2. Haus (als 8. Hais vom 7. Hauses gesehen, dem Tod des Ehemanns) und Merkur ist Herrscher des 3. Hauses (Geschwister), wo Merkur in exaktem Quadrat zum Vertex, aber auch zum Mond und zu Uranus steht! Der Vertex im Schützen verweist auf schizotypische Störungen, die Zwillinge hingegen, das Zeichen, in dem sich der Antivertex befindet, stehen für schizoide Erscheinungen. Die persönliche Anamnese würde vor allem diesem Verhaltensmuster entsprechen, da keine Wahrnehmungsstörungen und kein auffälliges Verhalten (wie bei schizotypischen Phänomenen) vorliegen.

Stattdessen fällt das Fehlen von Interessen auf, die Gleichgültigkeit und emotionale Kälte, alles Elemente des schizoiden Störungsbildes.

Die Position des Schützen haben wir auch mit Selbstmordtendenzen in Verbindung gebracht; diese Person hat zwar keine aufzuweisen, aber merkwürdigerweise wurde sie Zeuge von solchen Ereignissen. Die Stellung im 5. Haus kann als Hinweis auf eine konkurrierende oder feindliche Umwelt gelten, gegen die man sich immer verteidigen muss und die das Selbstvertrauen auf eine harte Probe stellt – es muss Tag für Tag neu erworben werden. Besonders interessant ist das T-Quadrat von Vertex, Mond, Mars und Uranus. Die Konjunktion Mond/Vertex steht für die Bedeutung der Familie, der Kindheit und verstärkt noch die Familienangelegenheiten, zeigt aber auch die Schwierigkeiten der Horoskopeignerin, bestimmte Themen der eigenen Vergangenheit und Kindheit aufzugreifen – sie zögert Fragen zum Thema hinaus oder versucht sie zu vermeiden, lässt auch mit mehr oder minder plausiblen Vorwänden die Therapiestunde zwei Minuten vor Beginn platzen. Der Mond ist hier Herrscher des 8. Hauses vom Vertex aus – wenn wir unser Augenmerk darauf richten, so erhalten wir durch den Herrscher besondere Auskunft über die Reaktion auf Angriffe von außen – da es sich hier um den Mond handelt, wird der Horoskopeigner mit Verschlossenheit reagieren, einen Schritt zurück in die Regression machen. Wenn der Mond Herrscher des 8. Feldes vom Vertex aus ist oder wenn der Vertex im Schützen steht, so neigt der Geborene meist dazu, die Grundsätze der Familie, der Geschichte, der Vergangenheit zu verteidigen, und ist auf jeden Fall sehr an die Familie und das dort Erlebte gebunden. Er verschließt sich manchmal in einem übertriebenen Reflex, um das eigene Ich und das seiner Lieben vor äußeren Angriffen zu schützen. Die Opposition zu Uranus und das Quadrat zu Mars bringen zusätzlich gewalttätige und katastrophale Elemente direkt oder indirekt in das Leben der Horoskopeignerin. Das Trigon zu Sonne und Pluto im 1. Haus müsste der Geborenen die Mittel an die Hand geben, ihre Probleme zu lösen und da sie ihre Psychoanalyse wieder aufgenommen hat, meine ich, dass der Plutotransit über dem Vertex den Beginn einer Besserung bedeuten könnte.

Klientin 3

Diese Klientin arbeitet z.Zt. in einer Therapieeinrichtung für Drogenabhängige. Sie hat ihre Mutter in sehr jungen Jahren verloren, ist ein Einzelkind, und die Beziehung zum Vater ist eine Hassliebe, die bald zu einem ständigen »Kampf der Titanen« geworden ist, wobei meist sie den Kürzeren zieht. Mit 14 Jahren beginnt sie Drogen zu nehmen und später sich zu prostituieren, um an das nötige Geld für den Stoff zu kommen – dieses Leben führt sie bis mindestens 1990, als sie eine Psychotherapie beginnt. Ihr Charakter ist deutlich gewalttätig, sie war oft in Schlägereien verwickelt, und sie greift die Menschen an, die ihr helfen wollen (Verwandte, Krankenpfleger usw.), beschädigt nachts das Eigentum dieser Leute. Einmal zündete sie das Auto eines Onkels an, weil sie gehört hatte, wie er mit dem Vater darüber sprach, sie in eine Entziehungsanstalt zu bringen.

Verwirrungszustände, Aggressvität, wechselnde Launen, Delirien gehören zu psychiatrischen Störungen im Umfeld des Drogenmissbrauchs, doch wenn wir das Horoskop betrachten, sehen wir einen Vertex im Steinbock, im 5. Haus, in Konjunktion zu Mars, im Sextil zu Saturn und im Trigon zur Sonne. Der Herrscher des Vertex ist Saturn und befindet sich im Quadrat zum Mond und in Opposition zur Sonne. Auch ohne Vertex haben wir hier astrologische Hinweise auf eine vorliegende Pathologie. Wir sehen aber auch, dass der Vertex auf Mars »stehengeblieben« ist, und so noch stärker die Reaktion der Person auf äußere Angriffe bestimmt, die, wie wir bereits wissen, völlig im Zeichen der explosiven Energien des Mars stehen. Der Vertex steht auch noch im Steinbock und weist dadurch auf die schwierigen Beziehungen zum Vater und zur Autorität im allgemeinen hin. Diese Position müsste Aggressivitätsausbrüche

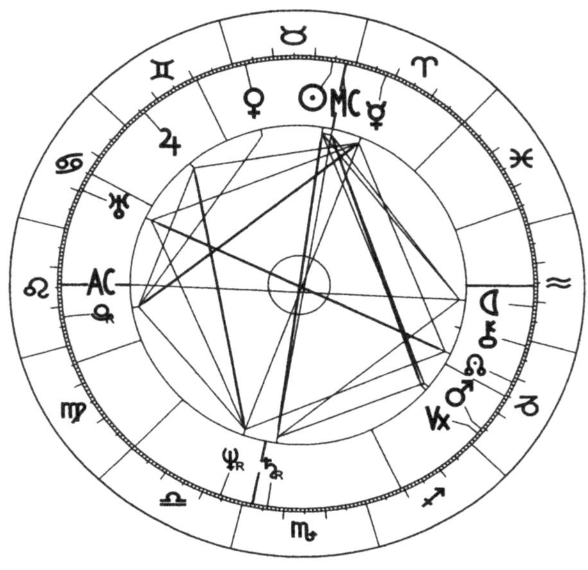

Abb. 24

und Selbstentwertungen begünstigen und auch mit einer depressiven Störung in Verbindung stehen, doch besitzen wir darüber noch keine eindeutigen Daten, um eine korrekte Diagnose aufbauen zu können. Die harmonischen Aspekte von Sonne und Saturn sind ein Anzeichen dafür, dass eine Besserung der Vaterbeziehung durchaus möglich sein könnte, vielleicht auf sehr lange Sicht gesehen. Saturn als Herrscher des Vertex steht im 4. Haus, ist rückläufig und wie erwähnt in Opposition zur Sonne und im Quadrat zum Mond – auch hier muss man nicht den Vertex bemühen, um die Probleme mit dem Vater zu erkennen, das Halbwaisendasein usw. – zieht man aber in Betracht, dass Saturn und Mond die Herrscher der Achse Vertex/Antivertex sind, so steht ihr Quadrat noch deutlicher im Zusammenhang des Krankheitsbildes. Den Aspekt zwischen den Herrschern des Vertex und Antivertex haben wir bereits in anderen Fällen bemerkt (Dino Campana, Vincent van Gogh, Klientin 2). Abgesehen vom Typ des Aspekts zwischen den beiden Gestirnen bringt eine solche Konstellation immer eine grundlegende Problematik mit sich, in der Elternbeziehungen eine Rolle spielen und die natürliche psychische und physische Abwehr des Horoskopeigners gegenüber seiner Umwelt geschwächt ist. Es versteht sich von selbst, dass dieses T-Quadrat zwischen Sonne, Mond und Saturn durch die beiden Vertex-Antivertex-Herrscher noch stärker zu dem Rahmen wird, in dem der gesamte Prozess der hier auftretenden Verhaltensstörungen sich entwickeln kann.

Klient 4

Es handelt sich um einen Mann, dessen Gemütsverfassung schwankt zwischen, manisch-euphorisch (Hochstimmung, Mitteilsamkeit, Wahnzustände, Logorrhöe) und depressiv, mit Entwertungs- und/oder Schuldgefühlen, die wahnhafte Ausmaße annehmen können. Diese Störung besteht auf dem Hintergrund von wechselhaften Familienbeziehungen, vor allem zum Vater. Dieser wünscht, dass der Sohn im Familienunternehmen tätig bleibt und überträgt ihm Verantwortungen und Aufgaben, die der Sohn hauptsächlich als Versuch empfindet, seine künstlerischen Fähigkeiten zu beschneiden (er malt und fürchtet, seine Seele könnte unter der beruflichen Belastung nicht mehr »zu Wort kommen«). Schließlich aber übernimmt er die Aufgaben in dem Bewusstsein, sich nicht gegen den Vater auflehnen zu können.

Der Vertex befindet sich im Steinbock, im 5. Haus, im Sextil zu Jupiter und in Opposition zu Uranus; Saturn als Herrscher ist nicht aspektiert.

Selbstentwertung und Depressionsneigung könnte man aus der Position des Vertex im Tierkreis ableiten, auch wenn diese nicht unbedingt mit einer solchen Störung verbunden sein muss. Die Opposition zu Uranus weist auf Misstrauen, paranoide Ideen, Groll und Anmaßung hin, während das Sextil zu

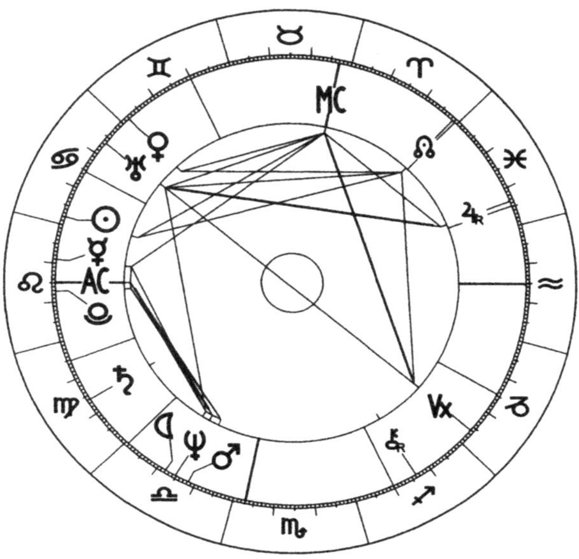

Abb. 25: Klient 4

Jupiter als ein Element zu verstehen ist, das die uranusbetonten Charakterzüge abschwächt. Das Rebellionspotential führt so zu einem Aufbegehren, das von kurzer Dauer oder überhaupt erfolglos ist – man arrangiert sich um der Ruhe willen oder wegen der eigenen Vorteile, die man doch nicht aufgeben möchte. Die Position Saturns ist hier besonders zu beachten. Der unaspektierte Herrscher des Vertex kann auf die Isolierung der Handlungsfähigkeit hinweisen, in besonderem Maße aber auch darauf, dass er eine Situation begünstigt, in der das Individuum in einer Art von »Obsession« gefangen bleibt (einem Wiederholungszwang). Es ist nicht so schwierig, ein Gleichgewicht zu erreichen, weil man nicht oder zu wenig handelt, sondern weil ein unbewusster Wunsch danach besteht, die schmerzhafte Situation wieder zu erleben, sich in ihr einzurichten, nicht aus Passivität, sondern aus dem Verlangen, sich aktiv und lebendig zu fühlen, immer bereit »zum Kampf«, so als ob man ständig in dem kurzen Moment verharren möchte, der einer Auseinandersetzung vorausgeht. Der Moment dehnt sich aus in Raum und Zeit und erzeugt die Spannung, die einem das Gefühl gibt, aktiv und bereit zu sein (»Wenn er das nochmals tut – oder sagt –, dann werdet ihr sehen, wie ich reagiere, ich werde ihm zeigen, mit wem er es zu tun hat!«) – doch es kommt nie zum wirklichen Kampf.

Das Vertex-Horoskop

Darunter versteht man ein Horoskop, dessen Bezugsebene für die Häuserteilung nicht der Horizont ist, sondern die Erste Vertikale, so dass der Aszendent nicht mehr durch den Schnittpunkt zwischen Ekliptik und Horizont, sondern den Kreuzungspunkt zwischen Ekliptik und Erster Vertikale, der als Vertex bezeichnet wird, bestimmt wird.

Ich habe erwähnt, dass wir den Vertex als den Aszendenten betrachten können, den wir hätten, wenn unser IC ein MC wäre, denn das Verfahren zu seiner Bestimmung mit der Häusertabelle besteht genau darin, den IC zum MC zu machen (nachdem man den Breitengrad bestimmt hat) und den entsprechenden Aszendenten abzulesen, der so zum Vertex wird. Dieser »Vertex-Aszendent« ist als Ergänzung des traditionellen Aszendenten zu sehen, als sein »alter ego«, das nicht die bewussten, sondern die unbewussten Teile der Persönlichkeit darstellt.

Um den traditionellen Aszendenten richtig zu interpretieren, muss man ihn in Zusammenhang mit dem Sonnenzeichen sehen – der »Vertex-Aszendent« steht entsprechend mit dem Mondzeichen und dem Mond selbst in Verbindung, denn wir befinden uns nicht mehr im Bereich des Bewussten, Äußerlichen, Sonnenhaften, sondern im Unbewussten, Innerlichen, Mondhaften. Wir sind »auf der anderen Seite« und können, wie Sergio Ghivarello zutreffend sagt, das Vertex-Horoskop als »Negativ-Abbild« des traditionellen Horoskops, als sein »Doppel« betrachten.

Wie erstellt man nun ein Vertex-Horoskop?

Für die geometrisch-astronomische Erklärung des Vertexhoroskops und seiner Erstellung gehen wir zurück zur Berechnung mit Hilfe der Häusertabelle. Wir hatten vom Breitengrad gesprochen, vom Grad des IC in der MC-Auflistung (oder von der Hinzurechnung von 12 Stunden zur Sternzeit des Horoskops); dieses Vorgehen kommt praktisch einer »Drehung« und einem »Umklappen« der normalen Horoskopansicht gleich, sodass die linke Seite des Horoskops zur westlichen Hälfte wird (Deszendent), während der MC weiterhin oben vor uns steht.

Im Vertexhoroskop ist nicht mehr der Horizont die Bezugsebene, sondern die Erste Vertikale, und die gewohnte Ansicht, die sich dem Betrachter bietet, der auf dem Horizont steht, das Gesicht nach Süden gewandt, also zum MC, mit dem Osten zu seiner Linken (Aszendent) und dem Westen zu seiner Rechten (Deszendent), verändert sich (durch die Drehung um die 90° der Breite und den hinzugerechneten zwölf Stunden zur Sternzeit der Geburt oder 180° Rektaszension) in das Bild für einen Betrachter, der auf der Ersten Vertikale »steht« (diese ist jetzt sein Horizont), mit den Füßen nach Norden und dem Kopf nach Süden, also immer noch zum MC. Zu seiner Linken schneidet die Ekliptik die Erste Vertikale und dies ergibt den Aszendenten, also den Vertex. Dadurch stehen die ersten sechs Häuser immer darunter und die anderen sechs darüber, die Bewegungsrichtung ist dabei aber umgekehrt und verläuft im Uhrzeigersinn.

Sergio Ghivarello hat dieses Verfahren in seinem Artikel über das »Azimut-Vertexhoroskop« und dessen Aufbau und Bedeutung genauestens beschrieben[25].

Um ein Vertex-Horoskop zu erstellen, geht man also folgendermaßen vor: Man bestimmt den Vertex mit der Häusertabelle wie oben beschrieben. Dieser Vertex stellt den Aszendenten des neuen Horoskops dar, er befindet sich also auf der rechten Seite der Grafik; in der gleichen Zeile, in der sich in der Häusertabelle der neue Aszendent befindet, steht der Grad, der der Spitze des 2. Hauses entspricht. Im Vertex-Horoskop wird daraus die Spitze des 12. Hauses, aus dem 3. Haus das 11., aus dem 10. Haus wird das 4. (IC), das 11. entspricht dem 3. Haus und der Grad des 12. Hauses bezeichnet die Spitze des 2. Hauses.

Die Aszendent-Hälfte des Horoskops befindet sich links vom Betrachter (dadurch bleiben die ersten sechs Häuser unter der Bezugsebene, hier der Nullvertikalebene), aber im westlichen Bereich, wenn wir vom traditionellen Horizont-Horoskop ausgehen.

Man geht so vor, weil »*die Zeichen über dem MC und IC die gleichen sein müssen wie beim traditionellen, auf den Horizont bezogenen Horoskop. Da das Vertex-Horoskop eine Art »Negativ-Zwilling« des anderen ist, verkehrt das Umklappen die Reihenfolge der Häuser, obwohl die Spitzen derselben durch die beschriebene Prozedur nicht verschoben werden.*«[26]

Als Beispiel soll uns das Vertexhoroskop von Dino Campana dienen. Optisch unterscheidet es sich sehr vom herkömmlichen Horoskop: Der Aszendent/Vertex steht rechts und die Häuser verlaufen im Uhrzeigersinn, sodass die Planeten sie von der Spitze her und nicht vom Ende aus betreten, wie es sonst üblich wäre. Mars und Saturn stehen im 1. Haus, Pluto und Neptun im 2., der Mond im 7., Uranus, Venus, Merkur und Jupiter im 10., die Sonne im 11. Haus; der Radix-Aszendent fällt ins 8. Haus, so wie der Vertex im Geburtshoroskop im 8. Haus stand.

Wenn man die Grafik in einem Spiegel ansieht, erscheint sie wesentlich vertrauter! Aber wozu kann uns ein Vertex-Horoskop dienlich sein?

Versuchen wir uns dem durch die Betrachtung des Geburtshoroskops anzunähern: Campana (siehe Abb. 18) hat den Aszendenten im Schützen, die Sonne steht im 9. Haus (entspricht dem Zeichen des Schützen); der Herrscher des AC hat die gleiche Position; das 9. Haus ist von einem Stellium besetzt. Dies zeigt uns, dass hier das Zeichen des Schützen (also Jupiter, aber auch die Sonne, da sie in einem Feuerzeichen im 9. Haus steht) ein sehr wichtiger Faktor für die Bildung, Entwicklung und den Ausdruck der Persönlichkeit sein muss.

Nun ein Blick auf das Vertex-Horoskop: der AC befindet sich

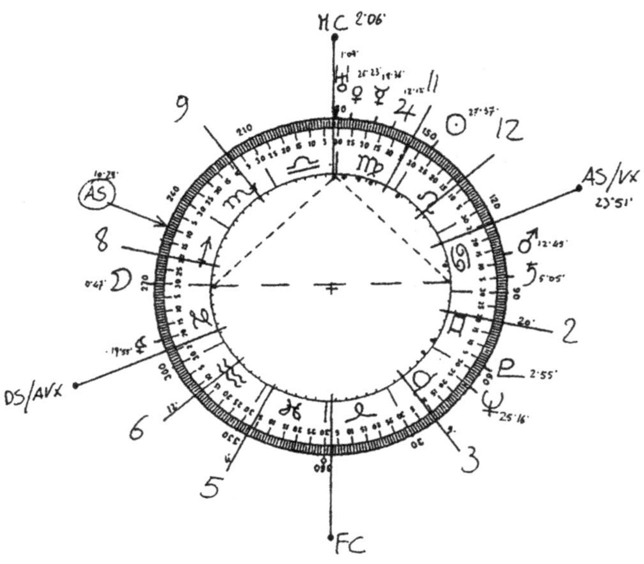

Abb. 26: Vertex Horoskop Dino Campana

im Krebs in der Dekade von Jupiter (dieser ist im Krebs erhöht); der Mond steht im Steinbock (Saturn) im 7. Haus (analog zum Zeichen der Waage – Saturn ist erhöht); Mars und Saturn, die beiden Herrscher, stehen im 1. Haus im Krebs; das 10. Haus (analog dem Zeichen des Steinbocks) ist von einem Stellium besetzt.

Steinbock- und Krebsenergien sind hier sehr stark betont. Welchen Schluss könnte man aus dem Vergleich der beiden Horoskope ziehen? Das erste Horoskop stellt *»den Beginn, die Ausrichtung und das Potential der möglichen Entwicklung«*[27] dar und zeigt uns eine heftige, unruhige, kommunikative und expansive Energie, während das Vertex-Horoskop das *»Bild der erfolgten Entwicklung in seiner endgültigen Form«*[28] verkörpert – die Energie ist vernichtet oder durch den Einfluss der mütterlich-familiären Neurosen abgelenkt (Verlagerung der Energie des Schützen auf die »kranke« Ausrichtung Krebs-Steinbock).

Von Jupiter und der Sonne (der Beginn, das Potential) gelangen wir zu Saturn und dem Mond (das Ende, das Ergebnis).

Als Dino Campana am 18.März 1918 endgültig in der Irrenanstalt Castel Pulci eingeschlossen wird, befindet sich Saturn im auf 8° im Löwen, der eben ins 12. Haus des Vertex-Horoskops eingetreten ist (der neuropsychische Zustand des Dichters hatte sich im Januar des gleichen Jahres verschlimmert, als Saturn auf 12° im Löwen stand, genau in der Spitze des 12. Vertex-Hauses).

Uranus herrscht im traditionellen Horoskop über das 3. Haus (der Geist) und im Vertex-Horoskop über das 6. Haus (Gesundheit) – indem er diese beiden Positionen vereinigt, wird seine Kraft noch explosiver und findet im Transit über der Opposition zur Sonne an jenem 18. März 1918 ihren Ausdruck. Wir sehen also, dass das Vertex-Horoskop wie ein normales Geburtshoroskop behandelt werden kann, indem man auch Transite berücksichtigt, ebenso kann man es progredieren oder mit den Angaben kombinieren, die sich aus einem Sonnen- oder Mondhoroskop ergeben.

Die Bedeutung des Vertex für die Horoskopauslegung erschließt sich besser, wenn man das Lunar vom März 1918 analysiert, siehe Abbildung 27.

Ganz abgesehen vom Vertex ist das Horoskop sehr aussagekräftig. Der Mond (Herrscher des 8. Hauses im Geburtshoroskop) am MC und in Opposition zu Pluto (Herrscher des 12. Geburtshauses) im IC deutet Bruch und Abspaltung vom Umfeld der Familie und der sozialen Beziehungen an; Dino wird seinem Schicksal überlassen, eingeschlossen (IC auf dem Radix-Saturn), wobei die Sonne in den Fischen im 12. Haus das erschwerende Element von Krankheit und Krankenhaus einbringt; Uranus steht ebenfalls im 12. Haus auf der Spitze des 3. Radix-Hauses und wird spürbar in der Beschreibung der »elektrischen« Visionen, die die ersten Jahre des Aufenthalts in der Klinik begleiten. Wenn wir den Vertex dieses Lunars berechnen (dies ist bei jedem Horoskop möglich und erforderlich) so erkennen wir, dass er in einer überaus wichtigen Position für die

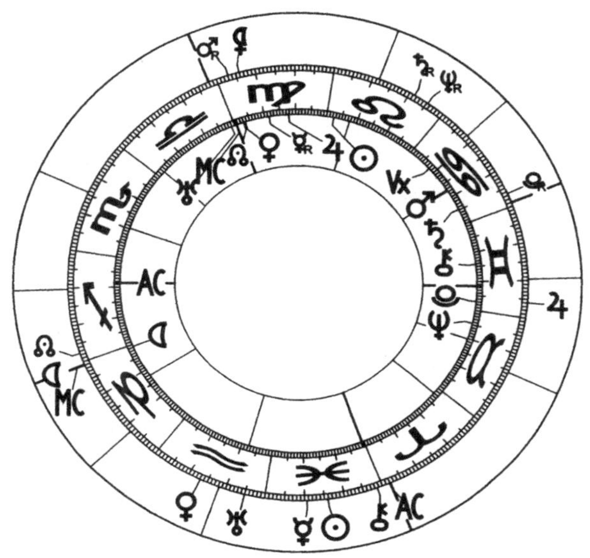

Abb. 27: Lunar März 1918 (außen), Radix Campana (innen)

Interpretation steht, als auch in Bezug auf die betreffende Lebensphase: der Vertex steht nämlich bei 2°12' in der Waage, in Konjunktion zum Deszendenten, im Quadrat zum Mond und zu Pluto; setzen wir ihn in Beziehung zum Vertex- oder zum Geburtshoroskop, so wird dieser »Punkt« zu einem Indikator und Auslöser von Vorgängen und Konflikten zwischen Individuum und Umwelt. Er steht in Konjunktion zu Uranus/MC und im Quadrat zum Mond und Saturn (wenn dies kein Hinweis ist!). Er befindet sich also im wichtigsten Bereich des Horoskops und zeigt geradezu auf den Planeten Uranus. Er gibt Auskunft über das Ergebnis der Reaktion des Horoskopeigners auf Angriffe von Außen, d.h. die Reaktion der Außenwelt selbst, und Uranus steht im Lunar im 12. Haus (Einlieferung ins Krankenhaus).

Regeln für die Bestimmung der Persönlichkeitsstörung im Vertexhoroskop

Man kann darüber diskutieren (was seinerzeit auch ausgiebig getan wurde), ob die Krankheit Dino Campanas endogener oder exogener Natur war, d.h. ob bereits ein fruchtbarer Boden für die Krankheitserscheinungen vorhanden war, oder ob sie als Reaktion auf eine »kranke« Umgebung zu sehen sind. Sicherlich war beides der Fall, auch wenn uns die zweite Möglichkeit plausibler scheint; eine gewisse Disposition kann durchaus vorhanden gewesen sein, doch hätte daraus keine Krankheit werden müssen, es hätte auch bei einem bestimmten Charaktermerkmal, dem »Wesen« bleiben können, auch wenn man möglicherweise von einer potentiellen »Borderline- Persönlichkeit« oder einer Neigung zum Misstrauen hätte sprechen können.

Aus dem Blickwinkel der Psychopathologie liegt die Betonung im Vertex-Horoskop Campanas im wesentlichen auf den Störungen des Borderline- und des paranoiden Syndroms (und natürlich auch auf der histrionischen Tendenz, da der Vertex-AC im Krebs liegt).

Die Borderline-Erkrankung steht in Verbindung mit dem Zeichen des Widders und seinem Planeten Mars, der sich hier im 1. Haus befindet, während die Paranoia zum Wassermann und seinem Planeten Uranus gehört, der hier im 10. Haus steht. Die Position der beiden Planeten entspricht der Regel, die den Definitionen und Präzisierungen der anfänglichen Diagnose zugrunde liegt:

Der Planet, der im Vertexhoroskop als letzter von einem der Kardinalpunkte berührt worden ist (umso mehr, wenn es sich um den AC/VX oder den MC handelt), verkörpert mit seinem Herrscher die Persönlichkeitsstörung, die in der Person am stärksten zum Ausdruck kommt oder zusätzlich zur Hauptstörung auftritt.

Wir müssen mit anderen Worten darauf achten, ob sich im 1. Haus ein Gestirn in der Nähe des AC/VX oder im 10. Haus in der Nähe des MC befindet. Liegt hier keine Konstellation vor, so beziehen wir uns auf den Planeten, der am nächsten liegt, der als letzter aufgestiegen oder kulminiert ist. Dieser Planet und was mit ihm in Verbindung steht, kann sowohl die Hauptstörung als auch eine begleitende Erkrankung verkörpern. Manchmal kann auch beides der Fall sein; es ist natürlich immer schwierig, Grenzlinien zu ziehen, der einen oder anderen Störung mehr oder weniger Gewicht zuzuschreiben. Zwar gibt es eine Erkrankung, die alles andere »nach sich zieht«, aber nicht immer ist alles so einfach, schematisch und offensichtlich. Anderseits handelt es sich um Triebe, Gefühle und psychische Vorgänge, die aus ihrem Wesen heraus nicht »schön und einfach« eingeordnet werden können, im Gegenteil. Häufig werden wir in dem Moment wieder in Schwierigkeiten gebracht, wenn wir meinen, der Lösung nahe zu sein – aber dies ist, sozusagen, »das Schöne an der Live-Sendung«!

Das Vertex-Horoskop als Symbol

An dieser Stelle möchte ich eine andere Betrachtungsweise vorstellen, die nichts mit dem »astronomischen« Vertex-Horoskop zu tun hat, aber gerade aus seiner völligen anderen Sicht neue Anregungen geben kann. Als Grundlage soll uns weiterhin das Horoskop Dino Campanas dienen, das nach dem gleichen Verfahren berechnet wird wie zuvor, jedoch mit kleinen Änderungen.

Zuerst bestimmen wir den Vertex über die Ko-Breite und unter Verwendung des IC, so als ob dieser ein MC wäre, wie am Anfang des Buches beschrieben. Dieser Vertex ist der Aszendent des neuen Horoskops und befindet sich auf der linken Seite der Grafik. In der gleichen Zeile, in der wir den Vertex-Aszendenten abgelesen haben, platzieren wir die Häuserspitzen, einfach so wie sie angegeben sind. Auf diese Weise wird der IC des Geburtshoroskops zum MC und umgekehrt, übereinstimmend mit dem bereits Gesagten (Vertex gleich Aszendent, wenn der eigentliche IC ein MC wäre). Es handelt sich also um eine echte Umkehrung, die natürlich keinerlei astronomische Grundlage hat, sondern symbolischen Wert besitzt – was im Geburtshoroskop unten war, befindet sich jetzt oben, was links war, steht nun rechts.

Das symbolische Vertex-Horoskop Dino Campanas sieht also folgendermaßen aus: Es scheint uns vertrauter, wenn auch sehr verschieden vom Geburtshoroskop, aber auch vom ersten Vertex-Horoskop. Die Sonne steht im 2. Haus; Jupiter, Merkur, Venus und Uranus im 3. Haus (Uranus auf der Spitze des 4. Hauses); der Mond im 6., Neptun und Pluto im 11. Haus, Mars und Saturn im 12., der traditionelle Aszendent fällt hier ins 5. Haus.

Vergleichen wir dies mit dem Geburtshoroskop, das wir bereits analysiert haben und in dem uns die Energie des Schützen als Urkraft in der Bildung, Entwicklung und Verwirklichung der bewussten Persönlichkeit aufgefallen ist.

Im symbolischen Vertex sind natürlich die gleichen Positionen der Tierkreiszeichen vorhanden, auch der AC im Krebs am Ende von Jupiter; anders sind die Positionen der Häuser, der Mond als AC-Herrscher steht im 6. Haus (entspricht dem Zeichen der Jungfrau), während seine Herrscher (Mars und Saturn) sich im 12. Haus befinden (entspricht dem Zeichen der Fische); das Stellium ist nun im 3. Haus zu finden, also immer noch in der Jungfrau, und Uranus tritt gerade aus dem 4. Haus heraus. Diese Konstellationen verweisen auf Merkur und Jupiter, und natürlich auf die Jungfrau und die Fische. Man kann also sagen, dass wir von einer Energie unter dem Einfluss von Jupiter und dem Schützen zu einer Jupiter- und Fische-betonten Kraft gewechselt haben, also auf jeden Fall zu einer Betonung der Achse 6/12 oder Jungfrau/Fische. Wir dürfen auch nicht vergessen, dass die Spitze des T-Quadrates auf der Spitze des 4. Hauses steht (Familie/Mutter/Unbewusstes). Welche Schlüsse könnte man daraus ziehen? Zweifelsohne den, dass die Betonung hier mehr auf der Familien-«Pathologie« und dem negativen Einfluss der Mutter liegt: der Mond im 6. Haus mit seinen Herrschern im 12. Haus als »kranke Muttergestalt«. Diese verhäng-

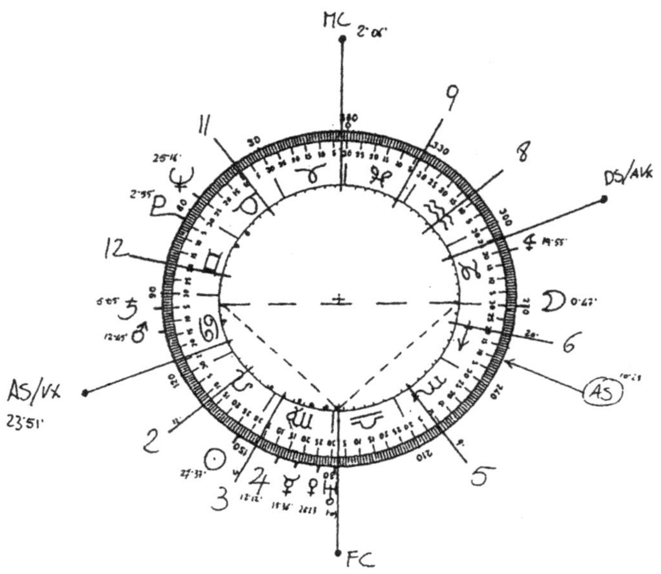

Abb. 28: Vertex-Horoskop Dino Campana

nisvolle und kastrierende Energie wird vom Herrscher vom 8. ins 4. Haus gesandt und gespeichert. Der einzige Ausweg für den Horoskopeigner lag darin, den traditionellen Aszendenten zu aktivieren, der für das persönliche Handeln steht, für das Erreichen des persönlichen Glücks und den Aufbau einer Zukunft. Da dieser im 5. Haus auf einem Hintergrund von Jupiter- und Fische-Einfluss steht, waren Kunst, Kreativität und Dichtung wirklich die Mittel für Campana, um sich aus der Rolle des Verlierers und »Verrückten« zu befreien, die ihm die eigene Mutter und die gesamte Umgebung zugeschrieben hatten.

Die Deutung mit dem symbolischen Vertex können wir als ein zusätzliches Element betrachten, das den »realen« Vertex ergänzt, den wir zuvor erläutert haben; beide liefern ihre Aussagen, und der Astrologe muss sie im rechten Maß anwenden und aus jedem die Informationen entnehmen, die ihm in seiner Arbeit weiterhelfen können.

Schlussfolgerung

Wer meinen Auslegungen mit viel Geduld bis zu dieser Stelle folgen wollte, wird erkennen, dass dieses Thema für astrologische Diagnosen im Bereich der Medizin, Psychologie und Psychiatrie eine überaus wichtige Rolle spielen kann. Wir sind erst am Anfang, doch scheinen die Voraussetzungen günstig und geben Anreiz, diesen Weg weiterzuverfolgen.

Selbstverständlich bin ich mir auch darüber im Klaren, dass ein Deutungsfaktor für sich genommen, und sei er noch so aufmerksam und bis in seine kleinsten Einzelheiten analysiert, nie sehr aussagekräftig sein kann, wenn er nicht im größeren Zusammenhang der anderen Bestandteile des Tierkreises und des Horoskops (Zeichen, Häuser, Planeten, Sterne, Arabische Punkte, Aspekte usw.) gesehen wird. Deshalb muss alles, was wir hier erörtert haben, in die Gesamtheit der Informationen integriert werden, die uns das Horoskop zur Verfügung stellt. Ich habe versucht, mich möglichst klar auszudrücken, und bin mir der Schwierigkeiten bewusst, die sich durch die Behandlung eines völlig neuen Themas ergeben. Dabei fühle ich mich dadurch bestätigt, dass bis heute jede Überprüfung des Vertex seine Wichtigkeit und Aussagekraft bewiesen hat – dies ist der beste Weg, auch das Interesse anderer Astrologen an diesem Thema und seiner Erforschung zu wecken, wobei dieser Weg vielleicht nicht der einzige sein wird – es können sich auch noch andere ergeben.

Die »medizinische« Ausrichtung dieser Arbeit sollte aber nicht darüber hinwegtäuschen, dass der Vertex in der Partnerschaftsastrologie, der Synastrie, großen Einfluss hat; wenn unser Vertex im Aspekt zu einem Planeten oder einer Häuserspitze im Horoskop einer anderen Person steht, so können wir sicher sein, dass unsere Beziehungen zu diesem Menschen viel tiefer sind, als wir vielleicht meinen – und dies im positiven wie im negativen Sinn. Der Vertex ist hier als ein eher »tiefgehendes« und weniger »oberflächliches« Element zu sehen: Beziehungen, ob emotionaler, freundschaftlicher oder beruflicher

Art, die unter dem Einfluss solcher Aspekte stehen, haben oft schicksalhaften Charakter, sind schwer zu steuern und zu beeinflussen. Was aus ihnen entsteht, scheint nicht aus dem Verhalten der direkt Betroffenen erklärbar zu sein, denn diese werden von einer Kraft (dem Schicksal?) bewegt, die zu wissen scheint, was sie benötigen, auch wenn dies ihren bewussten Wünsche zuwider läuft.

Im Einzelhoroskop können wir davon ausgehen, dass die Achse AC/DC der freien Entscheidung und die Achse MC/IC dem Schicksal entspricht – die Achse Vertex/Antivertex (VX/AVX) ist dann eine Art von »Komplementär-Aszendent« und beschreibt das menschliche Handeln, das versucht, den vorgezeichneten Schicksalsweg zu verändern, zu erweitern oder zu unterlaufen, – das göttliche Handeln des Menschen an sich selbst. Natürlich verhält es sich nicht zwangsläufig so, es kann auch vorkommen, dass gar nichts Derartiges passiert. Wir können uns den Vertex als einen Kompass vorstellen, der uns zur Orientierung im Wald gegeben wird; zuerst müssen wir seine Funktionsweise verstehen, sonst laufen wir Gefahr, die völlig falsche Richtung einzuschlagen und uns zu verirren. Wenn wir auf der Sternkarte den Herrscher des Vertex frei von negativen Aspekten erkennen, so könnten wir vielleicht meinen, dass es einfach ist, die richtige Orientierung zu finden oder zumindest eine gute Ausgangsbasis dafür zu schaffen, auch wenn wir erst am Beginn einer anstrengenden Arbeit stehen. Man kann ohne Übertreibung die Achse VX/AVX als Darstellung des göttlichen Elements im Menschen bezeichnen, die Möglichkeit, die ihm gegeben ist, um die Veränderungen in seinem Leben zu beeinflussen und sich auf ein »neues Gleis« zu begeben. Wir sollten dieses Element aber vor allem daraufhin untersuchen, welche Richtung, welche Weiter- oder Rückentwicklung die Seele des Menschen nehmen könnte; damit befinden wir uns in einem Bereich, der weit über den Rahmen dieses Buches hinausgeht und der eine tiefergehende Behandlung an anderer Stelle verdient. Der Vertex könnte eine Antwort geben auf die Frage »Wer ist der Mensch?« oder »Was wirkt in ihm?« – dieses

»was« bezeichnet die Hülle des Urkerns, der göttlichen Spur, des Magnetbands, auf dem die Vergangenheit, Gegenwart und Zukunft des Menschen aufgezeichnet ist. Diese Hülle kann eine Schutzhülle sein und als solche eine positive Rolle für die Entwicklung des Kerns spielen, oder aber sie kann zur »Zwangsjacke« werden, die ihn gefangen hält und ihn daran hindert, Signale zu setzen, wenn die Entwicklung nicht normal verläuft. Dann wird die Hülle brutale und hemmende Kräfte entwickeln und einen Kurzschluss zwischen der Person und ihrer Umwelt, oder zwischen der menschlichen und der göttlichen Seele auslösen und dadurch die Grundlagen schaffen für eine Zersetzung der **»Elementarkörper«** (den physischen Körper – die Erde; den geistigen Körper – die Luft; den seelischen Körper – das Wasser; den spirituellen Körper – das Feuer). Das mag recht unverständlich scheinen, halten wir uns aber vor Augen, dass wir diese »Zersetzungen« hier nacheinander haben Revue passieren lassen, dann verstehen wir, dass der Vertex mehr ist als bisher gesagt wurde. Durch die Berücksichtigung der Achse Vertex/Antivertex eröffnet sich ein neues Forschungsfeld, das sich sowohl mit den Ursachen von pathologischen Verhaltensveränderungen als auch von besonderen und veränderten Bewusstseinszuständen beschäftigt, wie z.B. den Ekstasen der Mystiker, der Bessessenheit oder dem »Samadhi« (letzte Stufe des Yoga). Diese Ursachen werden vermutlich nicht nur geistiger (Luft) oder physiologischer (Erde) Natur sein, sondern können auch mit Anomalien und Veränderungen der Seele (Wasser) oder des Spirituellen (Feuer) in Zusammenhang stehen.

Die Achse Vertex/Antivertex kann uns wirklich eine Hilfe sein, um bestimmte Verhaltensweisen und Einstellungen zu verstehen, die nicht unter der direkten Kontrolle des Bewusstseins stehen, und wenn wir sie mit vergleichenden Untersuchungen auf dem Gebiet der Neurophysiologie und der Neuropsychiatrie in Beziehung setzen, kann daraus ein bedeutender Beitrag zu dieser Forschung werden.

Anhang

Vertex-Elongation und Minihäuser

Von Rüdiger Plantiko

Mit der hier abgebildeten Tafel können Sie die von Baldini behandelten Elongationen des Vertex leicht selbst ermitteln. Zur Erinnerung: Die Elongation des Vertex ist sein maximaler Abstand vom De-szendenten. Baldini trägt diesen Abstand vom Deszendenten aus nach oben und unten ein, um den gesamten vom Vertex durchstrichenen Bereich zu erhalten. Diesen Bereich teilt er in zwölf Abschnitte, die *Minihäuser,* die er von unten nach oben durchnumeriert, so daß die Spitze des siebten Hauses stets mit der Spitze des siebten Minihauses zusammenfällt. Die von Baldini alternativ verwendete Lösung, den Bereich von Spitze 5 bis Spitze 9 in zwölf Teile zu teilen, bringt *näherungsweise* die gleichen Resultate. Für eine genaue Berechnung der Minihäuser und damit der »Hausposition« des Vertex scheint es jedoch sinnvoller, mit den Elongationen des Vertex zu rechnen.

Es bedeuten:

Br Geographische Breite
E Elongation des Vertex
H Größe eines Minihauses (= E/6).

In den tropischen und Polargebieten beträgt die Elongation 180°, da der Vertex dort vom Deszendenten «abgekoppelt» ist.

Für Zwischenwerte der Breiten ist zu interpolieren.

Beispiel: Elongation des Vertex in Florenz (43°46'N). Von 43° bis 44° nimmt die Elongation von 43°32' auf 43°25' ab, also 7 Bogenminuten für den vollen Breitengrad. Dann nimmt sie rund 5 Bogenminuten für 46' Breite ab. Also ist die Elongation des Vertex 43°32' - 5' = 43°27'. Dies ist auch der von Baldini angegebene Wert. Die Größe eines Minihauses beträgt 7°14'.

Br	E	H	Br
24°	78°01'	13°00'	***66°***
25°	70°29'	11°45'	***65°***
26°	65°37'	10°56'	***64°***
27°	61°56'	10°19'	***63°***
28°	58°58'	9°50'	***62°***
29°	56°30'	9°25'	***61°***
30°	54°26'	9°04'	***60°***
31°	52°39'	8°46'	***59°***
32°	51°07'	8°31'	***58°***
33°	49°47'	8°18'	***57°***
34°	48°37'	8°06'	***56°***
35°	47°37'	7°56'	***55°***
36°	46°45'	7°47'	***54°***
37°	46°00'	7°40'	***53°***
38°	45°21'	7°34'	***52°***
39°	44°49'	7°28'	***51°***
40°	44°22'	7°24'	***50°***
41°	44°00'	7°20'	***49°***
42°	43°44'	7°17'	***48°***
43°	43°32'	7°15'	***47°***
44°	43°25'	7°14'	***46°***
45°	43°23'	7°14'	***45°***

Anmerkungen

1 Edward Johndro, geboren am 30. Januar 1882 um 0h30m in Franklin/Center (Québec, Canada), 49°N19', 67°W54', AC 03°46' Skorpion, VX 08°36' Zwillinge.

2 Darunter versteht man eine bestimmte Sichtweise des Horoskops. Bei den Standorthortoskopen werden die Planetenpositionen in Azimutalkoordinaten angegeben, bzw. es werden die Horizontkoordinaten mit einbezogen – dadurch wird das Horoskop direkt in unserem Lebensraum verankert. Siehe hierzu auch das Buch von Steve Cozzi, *Das Horoskop des Standortes,* Mössingen 1993.

3 Mehr zum sogenannten »elektrischen Aszendenten siehe bei: Ralph William Holden, *Astrologische Häusersysteme: Entstehung, Berechnung, Bewertung*, Mössingen 1998.

4 Charles A. Jayne, Astrologe und Pionier der Mundanastrologie, geboren am 09. Oktober 1911 um 22h 39m in Philadelphia, USA; 39°N57, 75°W07', AC 16°10' Krebs, VX 02°33' Schütze. Zu seinen und Johndros Ehren wurde 1986 in den USA der »Johndro-Jayne«-Preis für Astrologie gestiftet.

5 John Townley, Astrologe und Autor von Werken zum Composit Horoskop und zu planetaren Zyklen, geboren am 17. August 1945 um 1h 56m in Washington, USA, 38°N55', 77°W04', AC 27°52' Zwillinge, VX 17°22' Skorpion

6 18. April 1906 um 5h13m, 37°N47', 122°W26', AC 18°49' Widder, VX 08°06' Waage.

7 Placidus de Titis (1601-1668), Benediktinermönch, unterrichtete an der Universität von Pavia Mathematik und Astronomie. Nach intensiver Beschäftigung mit der musikalischen Harmonielehre wandte er sich astronomischen Studien zu und gab der Astrologie neue Impulse. Von ihm stammt das von den heutigen Astrologen am meisten verwendete Häusersystem, das er aus den Forschungen seiner Vorgänger Campanus und Regiomontanus weiterentwickelte.

8 Giovanni Campanus, geboren in Novara, gestorben1296 in Viterbo.

Mathematiker und Leibarzt des Papstes Bonifatius VIII. 1280 entwickelte er das nach ihm benannte Häusersystem.

9 Dane Rudhyar, *Astrologie der Persönlichkeit*. Tübingen 2001.

10 Auszug aus dem persönlichen Briefwechsel mit Sergio Ghivarello. Die Darstellungen sind von Sergio Ghivarello.

11 Sergio Ghivarello, «I punti sensibili dell'oroscopo«, in: *Linguaggio Astrale Nr.80*, Autunno (Herbst) 1990.

12 Edward Glover, *I fondamenti teorici e clinici della psicoanalisi*. Roma, 1971.

13 Ein grundlegendes Merkmal dieser Störungen sind die deutlichen Stimmungsveränderungen entweder depressiver oder euphorischer Art. Krankhafte Episoden treten am häufigsten im Frühjahr (Widder) oder Herbst (Waage) auf, bzw. um die Jahreszeitenwechsel zu den Tagundnachtgleichen. Wir treffen auf manische Zustände (Logorrhoe, ständige Ideenproduktion, Größenwahn) und hypomanische Zustände (Reizbarkeit, aber ohne Wahnzustände) und schwerere depressive Verstimmungen (Schuldgefühle, Gefühl der eigenen Wertlosigkeit, Selbstmordversuche).

14 Darunter versteht man eine Veränderung in der Selbstwahrnehmung, der eigenen Identität, Schwankungen in den zwischenmenschlichen Beziehungen sowie der Gemütsverfassung (von Depression bis Reizbarkeit). Es kommt zu einem Verlust der Kontrolle über die eigene Aggressivität, impulsgesteuertes Verhalten, Missbrauch von psychisch wirksamen Drogen, Essstörungen, Diebstählen, gefährlichem Fahrverhalten, Selbstmordversuchen.

15 Für weitere Details siehe meinen Artikel »Maschile-Femminile, Femminile-Maschile o il gioco dei quattro cantoni« in: *Linguaggio astrale Nr.94*, primavera (Frühjahr) 1994.

16 Zum leichteren Auffinden der Minihäuser finden Sie im Anhang eine Tabelle.

17 Die Teilung des Raumes zwischen der Spitze 5. Haus und 9. Haus in zwölf Abschnitte bringt dafür das Problem mit sich, dass in bestimmten Breitenbereichen der Vertex in *keinem* dieser Abschnitte liegt (so kann der Vertex beispielsweise für Breiten bis ca. 27°50' im 4. Haus liegen).

18 Daten und Informationen aus: *Datanotizie Nr.12*, Jahrgang 3, Hrsg. von Grazia Bordoni.

19 Aus dem Eintrag unter dem Stichwort »Jung« in der *Enciclopedia Garzanti di Filosofia*..

20 James Hillman, *Intervista su amore, anima e psiche*, Hrsg. v. Marina Beer. Roma-Bari, 1984.

21 James Hillman, s.o.

22 Man muss sich vor Augen halten, dass nicht immer die Sonne den Vater und der Mond die Mutter symbolisieren. Sonne und Mond sind Archetypen und Symbole – es kann durchaus sein, dass die väterliche Rolle von einer Frau und die mütterliche von einem Mann übernommen wird.

23 siehe Anmerkung 22.

24 Roberto Sicuteri, a.a.O.

25 Sergio Ghivarello. «L'oroscopo Vertex Altazimutale: ragione, struttura, significato« in *Linguaggio Astrale Nr.109.*

26 Sergio Ghivarello Auszug aus persönlichem Briefwechsel.

27 Sergio Ghivarello »L'oroscopo Vertex Altazimutale: ragione, struttura, significato« in *Linguaggio Astrale Nr.109*, S.63

28 Sergio Ghivarello, ebenda

Standardwerke der Astrologie

Renzo Baldini

Die Arabischen Punkte

Ihre Anwendung in der modernen Astrologie

253 Seiten, Hardcover,
43 Abbildungen
ISBN 978-3-89997-162-0

Das Deutungssystem der Arabischen Punkte, auch Lospunkte oder Himmelslose genannt, beruht auf einer einfachen Rechnung, mit deren Hilfe man gewissermaßen im Inneren des Horoskops sensitive Punkte ermitteln kann. Entstanden ist diese Methode vor allem, um auf eindeutige Fragen zu antworten. Der Autor behandelt nicht nur den allgemein bekannten Glückspunkt, sondern stellt zudem ausführlich 80 weitere Arabische Punkte für Familie, Haus, Beruf, Gesundheit, Reise und Beziehungen vor. Sie erfahren, wie und warum man die arabischen Punkte verwendet und bekommen jeweils Hinweise zu einer psychologischen Deutung. So gelangen Sie schnell zu einer ausgefeilteren Analyse Ihres Horoskops.

»Die Vorzüge dieses Buches liegen in der seriösen Darstellung der Berechnung der Arabischen Punkte, ihrer astrologischen Herkunft und der Beschreibung ihrer – behutsamen – Anwendung. Die unterschiedlichen Berechnungen zwischen einer Tag- und einer Nachtgeburt werden ebenso ausführlich diskutiert wie eine gewisse Aussagenähe der Lospunkte zu den heute gebräuchlicheren Halbsummenpunkten und den Methoden der Stundenastrologie. (...) Es bleibt das besondere Verdienst des Autors, die heutigen Leser wieder mit einer über viele Jahrhunderte hindurch geübten astrologischen Technik vertraut zu machen.«

Astrologie Heute Nr. 133

Standardwerke der Astrologie

Susanne Seemann

Der Aszendent

Die Lösung des karmischen Knotens

344 Seiten, Hardcover,
13 Abbildungen, 2. Auflage
ISBN 978-3-89997-214-6

Der Aszendent beschreibt den »Lebensfilm«, den wir in dieser Inkarnation abspielen. Was aber, wenn die richtigen Rollen im falschen Film gespielt werden? Nur zu oft fallen wir auf unserem Seelenweg unbewusst in das Zeichen vor dem Aszendenten zurück. Dies äußert sich in bestimmten Vorlieben und Verhaltensmustern, bringt aber oft auch Probleme mit sich. Dennoch können wir die Anlagen verwirklichen, die der Aszendent hervorbringen möchte. Den Schlüssel dazu finden Sie im Ausbalancieren und Erlösen der Themen, welche das zwölfte Haus verkörpert. Die eigentliche Befreiung erfährt der Aszendent durch das Zusammenspiel gegenüberliegender Zeichen. Die Autorin belässt es jedoch nicht nur bei einer Darstellung ihrer kosmischen Aszendentenlehre. In dem Buch erfahren Sie auch, wie Sie sich u. a. auch mit Naturheilkunde, Nahrungsergänzung, Düften und Farben wieder auf die richtige Rolle einschwingen können, um so die richtigen Schwerpunkte in Ihrem Leben setzen zu können.

»Es gibt ja viele Bücher dieser Art, aber dieses empfehle ich Ihnen. Es hebt sich aus der Masse absolut heraus, nicht nur weil die ihre naturkundlichen Fähigkeiten einbringt, sondern auch durch die Auswahl von Kriterien, die dem Aszendenten-Geschehen zugrunde liegen.« Lebensträume 12/12

Standardwerke der Astrologie

Brigitte Hamann

Ihr Lebensziel

Die IC/MC-Achse und der Lebenssinn im Horoskop

288 Seiten, Paperback,
7 Abbildungen
ISBN 3-925100-73-3

Das Lebensziel wird im Horoskop meist an der Stellung des Medium Coeli (MC) abgelesen. Die Vorstellung, dass wir uns von einem Ausgangspunkt, dem Imum Coeli (IC), auf dieses Lebensziel zu bewegen und dass das MC somit das Ergebnis und die Erfüllung dieses Zieles darstellt, ist jedoch unzureichend. Aufgrund intensiver Studien kam die Autorin zu einem bahnbrechenden Ansatz: Das Lebensziel liegt im Ausgleich der Gegensätze, in der Mitte zwischen beiden Polen. Das IC enthält unser schöpferisches Potenzial. Am MC finden Sie die ergänzenden Eigenschaften, Verhaltensweisen und Themen, die Sie benötigen, um dieses Potenzial in seiner besten Form verwirklichen zu können. Außerdem gibt es einen Fluchtpunkt. Dieser beschreibt wichtige Vermeidungsstrategien, die wir anwenden, um unseren Lernthemen auszuweichen. Die zwölf Lebensziele sind in einer anschaulichen Sprache beschrieben. Dem fortgeschrittenen Leser werden zudem alle Deutungsschritte systematisch gezeigt. Auf diese Weise lernen Sie den Leitstern auf dem Weg zu ihrem Lebensziel kennen.

»Da dieses Buch nicht nur Konstellationen beschreibt, sondern auch eine Fülle an Anregungen zur Umsetzung gewonnener Erkenntnisse in das tägliche Leben enthält, ist es nicht nur für fortgeschrittene Astrologen eine bereichernde Lektüre, sondern auch gerade für Astrologie-Einsteiger.« Meridian